朱伟杰 蔡相龙 主编

良善家风惠久远
——优良家风家教故事文集

河南大学出版社
HENAN UNIVERSITY PRESS
·郑州·

图书在版编目(CIP)数据

良善家风惠久远:优良家风家教故事文集/朱伟杰,蔡相龙主编. —郑州:河南大学出版社,2018.2
ISBN 978-7-5649-3234-3

Ⅰ.①良… Ⅱ.①朱… ②蔡 Ⅲ.①故事－作品集－中国－当代 Ⅳ.①I247.81

中国版本图书馆 CIP 数据核字(2018)第 034493 号

出 版 人	张云鹏
责任编辑	任湘蕊
责任校对	王　帅
封面设计	翟淼淼

出　　版	河南大学出版社
地　　址	郑州市郑东新区商务外环中华大厦2408室
电　　话	0371-60993151(人文社科出版分社)
	0371-86059753
网　　址	www.hupress.com
印　　刷	河南瑞之光印刷股份有限公司
版　　次	2018年4月第1版
印　　次	2018年4月第1次印刷
开　　本	890mm×1240mm　1/32
印　　张	7.75
字　　数	174千字
定　　价	30.00元

本书如有印装质量问题,请与河南大学出版社营销部联系调换。

良善家风惠久远

(代序)

陶长生

百代馨香德侔天地,万世师表道贯古今。千百年来,至圣文宣王孔子及其后绵的儒学成为中国及至世界的显学,成为中国人身体中流淌的最重要的文化血脉,而儒学中最重要的因子或者核心便是基于家国一体的家族观念和家风传承,这是以家庭或家族为单位细胞的良好教化与传续。无论是叨陪鲤对,还是礼孝齐家,无论是诚意正心修齐治平,还是礼义廉耻国之四维,无论是"诗书传家久,耕读济世长",还是"穷则独善其身,达则兼济天下",传承的都是一种文化言仰,标识的都是一脉家序礼规,目标都是一样的,便是最终促使社会和谐,彼此互构的大同。

上古轩辕黄帝"声禁重、色禁重、衣禁重、香禁重、味禁重、室禁重"六禁重的思想不单单是教育官员要崇廉拒腐,追尚节俭,更重要的是要教育自己的子孙,在衣食住行方面有所节制,追求低调朴实简约的生活。有熊氏大禹铸"酒禁",制《酒诰》,其目的就是教育和戒止后代子孙不可奢靡贪乐,沉溺其中,而荒废了主业。"空桑烟雨"的伊尹以帝师之位,正帝王家风。《孟子》中说:"汤之于伊尹,学焉而后臣之,故不劳而王。"也就是说,商汤向伊尹学习修身齐家治国之道并重用他,不费多大力气就统一了天下。之后,伊尹"以尧舜之道要汤",教导汤效法尧舜,以德治天下。三皇五帝和周礼传承便是中华儒家家风家教的滥觞初源。

良善家风惠久远

"千里修书为一墙,让他三尺又何妨。万里长城今犹在,不见当年秦始皇。"安徽桐城的六尺巷传承的是礼让的家风,有了礼让才能够化干戈为玉帛,才能够化剑拔弩张为祥云朵朵;有了礼让才能够广植福田,化沟壑为通途。"黎明即起,洒扫庭除,要内外整洁。既昏便息,关锁门户,必亲自检点。一粥一饭,当思来之不易;半丝半缕,恒念物力维艰……祖宗虽远,祭祀不可不诚;子孙虽愚,经书不可不读",这是归序的传承,如同慈蔼的长者谆谆教诲后代子孙在起居生活、衣食住行和慎言修身方方面面应该持有的操守和戒惧,这是家风更是法度,是存于有形和无形之间,丈量、评判、约束、指导后代行为的圭臬法度。"留自己的汗,吃自己的饭,靠天靠地靠祖宗不算好汉",这是自立自强、顽强拼搏的家风。"埋骨何须桑梓地,人生何处不青山",能够以山河为怀,毅然将自己儿子与赴朝牺牲的志愿军战士一起埋葬在异国他乡,这就是伟人的家风。溯古及今,凡是有重大成就者,无不有良好家风的浸润与熏陶,无不是在家风家教的传承中,一步步走向人生的辉煌的。乌衣巷口的"王谢"家族是,《训俭示康》的司马家族是,以耕读为业、以涵泳立身的曾国藩曾氏家族也是,以"留余"为理念、枝繁叶茂、富甲东南、蔓延七代的"河洛康家"更是。在一个商业繁盛的家族中,弥漫最多的是对子孙文化的教育和礼乐诗学的传承。诗圣杜甫说,诗本吾家事。这便是诗书传承的明证。

当我们穿过历史的风云来审视作为独立个体的家风的时候,我们会或若隐若现或深刻觉得,我们就是一只只在天空中飘荡的风筝,风筝线一头抛向广袤的天空,另一头则是系在家中的土地上。一草一木,一片鱼鳞瓦抑或是一张泛黄的家书,一次清

良善家风惠久远

明的祭祀,或者是一次家族的重聚都会有家风的影子和深刻印记。有人说家是心灵的港湾,那么家风便是心灵港湾的堤坝,守护着精神,守护着意志,更守护着支撑躯体的灵魂,守护着我们从更高走向更远。有人说好的家风就是一座桥,桥的一端是父辈、祖辈传递的爱,另一端则是牵挂和目送,他们握着我们慢慢变大的手,牵着我们日益丰盈的心,一步步从黑暗走向光明,从蒙昧走向智慧和充盈。西方有一句名言,说人生就像一棵树,栽在溪水旁,按时结果子,叶子也不脱落。这是什么呢,是生命的历程,是岁月的迁移,更是家风对树木的滋养和灌育。也只有这一湾浅浅的溪水才能流淌不息地滋润我们干涸的心灵,才能让我们无论是面对风浪还是光明的坦途,都能够从容应对,行稳致远。

杞县是一个有着丰厚历史和悠久文明的地方,自古被称为梁宋锁钥,中州重地,诗乡文国,这里名人辈出,文运滋远,尤其是优秀家风家教方面更是代有传承,芝兰广袤。商汤伊尹佐幸帝王之德,汉代董宣强项令世人皆仰,郦氏兄弟为国家大义慷慨赴死,明状元刘理顺全家皆大义凛然令同乡李岩等掩泣,不忍直视,王毅斋校长创办大同学校,映照豫东抗日烽火,使穆青等一大批有志青年从这里怀揣火种,走向延安,走向在火与剑的磨砺中浴火重生的新中国……杞县这片热土上有太多优秀的家风家教故事在口耳传诵,在被史书和老百姓的宗族家规记载,成为杞县这片热土的文化之根、文化之源。

《春秋左氏传》中说,人有三不朽,谓之立德、立功和立言。其实,任何家风无不是以此原点发展延伸的。伟人、名人的家风如此,平凡人的家风家教故事更是如此。从某种程度上,平凡人的家风家教故事更能让人从中受益,获得感动与启迪。因为,他们就生活在我们身边,他们生活中的柴米油盐酱醋茶我们也会遇到,甚至会有更加深刻、更为直观真切的感受。时间会流逝,而这些带有心灵温度记忆的文字会随着岁月一点点泛黄,但是绝不会变老。这本书的名字叫"良善家风惠久远",目的就是通过这些优秀的家风家教故事来唤醒或迟慢我们急促的灵魂,尤其是在嘈杂而繁复的世界,优秀的家风家教故事是清澈的,更是明媚的。我相信,这些平凡而让人感动的故事,如同一束火焰,也同一片青草,他们会给我们带来久违的光明,更会带来对现实和未来的审视与渴望。

是为序。

(作者系杞县县委常委、县纪委书记,县监委主任)

目 录

母亲的"钱""情"观	郭明文（1）
好家风是一种润物细无声的品德力量	张利静（5）
不贪不占，活得心安	王冰凌（8）
我的母亲	朱珺萍（11）
我家那些平凡事	胡丙永（14）
尊老爱幼，互助和睦——我家的幸福秘诀	刘荫山（19）
家慈子孝，其乐融融	蔡相龙（23）
听爷爷讲过去的事儿	史法杰（29）
百善孝为先	韩永涛（35）
父母为镜，子女正身	石　芳（37）
父亲的温暖	魏　靖（44）
母爱如师	孟广廷（49）
成由勤俭败由奢	张会丽（52）
做人还是实在些	时广建（56）
一怀浩然，一生快哉	蒲海霞（60）
好好读书，凡事靠自己	彭亚杰（65）
"好好学""好好干""好好的"	曹利娜（68）
爷爷的稿纸	徐泽涛（71）
家有至宝——勤、俭、孝	李　彬（76）
爷爷的木工箱	刘继昌（79）
家有慈母子孙贤	张　玉（85）
勤俭、守时、肯吃亏	靳凤伟（92）

孝道在我心	任艳兵（95）
知根莫忘本	张红涛（98）
别摔了你的饭碗	李　冰（101）
老崔头和他的三字经	崔莹莹（104）
扣对人生第一粒扣子	孔永丽（107）
我的成长风向标	曹冬冬（110）
修得家人心，相携永相亲	程　威（114）
公家的东西一件都不能少	郭万亮（117）
父亲的账本	何世强（123）
言传身教树家风，潜移默化育新人	车世堂（127）
把公家的活儿当成自家的干	许维涛（131）
父亲的教诲	葛姗姗（134）
桐花之美永相随	邵金忠（139）
诗书传家	左红卫（144）
好家风让家庭幸福兴旺	张俊昌（149）
我的母亲	许湘峰（152）
无言家风伴我成长	周良辰（155）
家塾课读	李海棠（158）
父亲的诚信	周清怀（169）
赶缝卖衣的父母	刘海鹏（174）
特别的嫁妆	孙红英（182）
父亲是部用一生去读的书	张　阳（186）
好家风影响我一生	吕存伟（189）
家风是父母给我的烙印	胡书卿（192）
家风记	李金轩（196）
良好家风的传承历久弥新	侯海燕（198）
囤风・囤镇李家故事	豫　人（201）

母亲的"钱""情"观

郭明文

我的母亲虽是一个普通的农村妇女,却在村里有着超乎常人的好人缘。她离开二十多年后的今天,乡亲们想起她、提到她,仍有着一种敬重之情。年轻时我理解不深,直至走上纪检监察岗位后,才越来越清晰地感觉到,是母亲的付出、母亲的"清廉"、母亲的"职业操守",换取了乡亲们的敬重。

母亲没有任何职务,却有着一门独特的手艺——接生,是我们大队四个自然村唯一的接生员。在二十世纪六七十年代,村子离公社卫生院较远,乡亲们的健康意识又弱,孕妇们临盆时,很少有人上医院生产,大多是请母亲到家里去接生,而母亲也总是随叫随到。

生孩子是不分白天黑夜、天气好坏的,母亲也只能不分白天黑夜、风霜雨雪地东奔西走。遇上顺利的,两三个小时孩子降生,母亲便算完成任务;遇上不顺利的,母亲只得一边帮助人家做辅产措施,一边与产妇家人一起焦急地等待,等上一昼夜,才听到婴儿啼哭的事儿,也是经常发生的。

因为帮人家接生,母亲身心疲惫,还耽误了家里的活计。产妇家人就有些过意不去,寻思着如何感谢一下母亲。母亲却坚守着自己的底线:人家送条毛巾,意思是因接生弄脏了手,赠条新毛巾擦洗一下,那就收下;送来点鸡蛋和红糖,母亲就过两天以到家回访、慰问产妇的名义还回去;有家境好些的想送母亲几块钱的辛苦费,母亲坚决婉拒。

在母亲的心里,她是真心地把自己的手艺当成一种职业来看的,以为社员们服务为己任的,所以她一直恪守着自己的职业道德和职业操守:绝不在乡亲们遇到难处时吃拿卡要,不发"急难财",不挣"昧心钱"。母亲也确实做到了。

1971年腊月的一个风雪天,天将落黑儿时,一个离我们村三里多远的常桥村的张姓农家汉子急匆匆来到我家,说他老婆"到时候了",邀请母亲随他到家去接生。

刚进厨屋准备烧锅做饭的母亲一听,立马转身回到堂屋,一边收拾产包,一边安排我:"去后院把你奶奶请过来,让她照顾着你和弟弟。天快黑了,还下着雪,又有那么远的路,我得赶紧走。"于是,刚满七岁的我,只得跑到奶奶家里,搀着她老人家冒雪过来照看只有一岁的弟弟。

我们进家时,母亲他们正好出门。张姓汉子见到奶奶,略显歉意地忙上前去扶住奶奶,嘴里念叨着:"大娘,对不住,又要麻烦大姐了!"母亲也上前迎住说:"妈,我得赶紧去常桥。"奶奶已习以为常:"去吧,去吧,小孩饿了我给他热羊奶喝。"看着母亲顶风冒雪逐渐远去的身影,我有些担心,便对奶奶说:"妈妈不害怕吗?"奶奶轻轻地拍拍我的头,温和地说:"你妈是个好人,她是在行善积德,不怕。"

两天后,母亲才满身疲惫地回来。后来才知道,张家这产妇胎位不正,是母亲用尽办法为她矫正了胎位,才使得母子平安。

又过了几天,那张姓汉子又来我家,这次是专门答谢母亲的。他送来了十块钱,说母亲"救了他家两条命,按理说这十块钱太少,拿不出手",并请求母亲不要嫌弃。母亲坚辞不受,却话如春风:"谁家挣钱都不容易,兄弟也不必客气。你叫我一声大姐,说明咱们都不是远人,说钱实在太外气了。再说我干这活就是为乡亲们服务的,不是用来挣钱的!"那汉子钱没送掉,却含着两眼热泪去了。

我看着这情形十分不解,对母亲说:"不是正发愁没钱买肉过年吗?人给钱咋不要啊?"母亲盯住我一会儿,缓缓地说:"孩子,老话说,自己吃了填坑,人家吃了传名。你看那是钱,我看那是情。不收钱那情就在,收了钱就等于把情卖了啊!"看我有点似懂非懂,母亲继续说:"你现在还小,可能还不太明白,但你只要记住这话,长大了就用着啦!"我看着母亲庄重的神情,只得点了点头,并用心记下了这话。

待到我长大成人,走进军营,走上社会,我才逐步体会到母亲那"钱"与"情"的论断是何等的高妙!虽然现在乡亲们回忆起这些事,还在替母亲"惋惜",说那可是独门手艺,如果想挣钱可比现在开诊所的容易得多;虽然由于母亲的"经济意识"淡薄,没能为家里积攒一定的物质财富,以致我们兄弟姐妹没有享受到新衣美食;虽然母亲拒收的钱、收获的情并没有得到惊天动地的回报,但在母亲1992年10月溘然长逝时,我却见到了乡亲们那浓浓的友善和情义——满村举哀、万人空巷送母亲!年轻人人人争先抬棺,年迈者个个痛哭失声。几个同辈至今忆起那场葬礼,仍对我说:"那棺材恁大,走得那个平稳啊,再没见过……"

是啊,母亲把"钱"和"情"分得那么清楚,本就没有图什么回报,恐怕唯一所图的,就是生前积善、走时坦然吧!

母亲去世后,我从部队转业地方工作,先后干过新闻、组织工作,2003年开始从事纪检监察工作,我一直默念着母亲关于"钱"和"情"的教诲。我相信,母亲的教诲就是一道灵验的"护身符",能够保佑遵循的人一生平安。

(作者单位系中共杞县纪律检查委员会)

好家风是一种润物细无声的品德力量

张利静

中国是礼仪之邦,五千年的文化传承至今,深深铭刻在每个中国人的心中。每个家,都有家训、家规、家风,我家自然也不例外。我家的家风是"踏实干事,本分做人"。它作为一种润物细无声的品德力量,无时无刻不在净化着我的心灵,我会努力做到,同时也会教育我的孩子,让他也做到,让良好家风世代传承。

爷爷——菜品一流,人品绝佳,享誉十里八乡四十载

"这是凉拌藕片,这是清蒸鱼,这是梅菜扣肉……快尝尝味道怎么样。"爷爷详细地介绍着桌上的每一道菜。我嫁入杞县已有三年,依稀记得第一次和婆家人吃团圆饭时的情景,对爷爷的印象也是那么的深刻。爷爷是位远近闻名的乡村厨师,厨艺高超,做的菜色香味俱佳,更令人尊敬的是他为人善良正直,诚实正派。爷爷一直严格要求他的徒弟们在做饭时一定要用心,要特别注意卫生,不能投机取巧,更不能贪占小便宜。所以,十里八乡谁家有红白喜事,都来请爷爷前去下厨。现如今爷爷已到古稀之年,身体还很硬朗,干起活来一点也不亚于年轻人,每当家里人劝他在家享享清福,他就说:"人家大老远地跑过来,就是对我的信任,只要我还干得动,就不能让他们失望。你们以后不管干什么工作,都要踏踏实实干事,本本分分做人,这样日子才会长长久久。"据奶奶说,爷爷在四十多年的职业生涯中都是这样要求自己和家人的,因此在村里,我们一家人都受人尊敬。

公公——立足本职,坚守岗位,赢得公司深切信赖

公公是中铁电气化局上海分公司的一名仓库管理员,每天的工作就是负责铁路电气化机械车、工具、配件的出库入库登记,工作简单,但责任重大。每当农忙时节,婆婆想让他多请几天假回来帮忙,他总是严肃地说:"人家把仓库交给我,我就要负起责任来,不能擅离职守。"还有一次,公公的好友来家里和他闲谈,打趣地说:"你现在可了不得了,那么大的工程,肯定油水不少吧?"公公立即制止道:"可不能这样讲,更不能这样想,那是公家的东西,我只是为公家服务的,做好这份工作,对得起公司对我的信任,对得起自己的良心。"简单朴实的语言,却令我们感慨万千。原来,踏实本分、立足本职的良好典范就在我的身边。

我们——沐浴家风,严以律己,实现人生理想

我和丈夫大学毕业以后,都在政府部门工作,不仅承载着家人的嘱托,更肩负着社会的期望。生活中,我们尊老教子,和谐相处;工作上,我们互相支持,比翼齐飞;思想上,我们互相勉励,互相警醒,严以律己,干净干事,做优秀的共产党员和称职的工作人员。尤其是丈夫,他奋战在检察系统反贪一线,每次办案都冲锋在前。有一次对一个犯罪嫌疑人的审讯持续到凌晨一点,由于需要对嫌疑人进行拘留,他在检察干警的陪同下驾车将犯罪嫌疑人送到开封拘留所,回到单位已是凌晨2点。第二天,为进一步落实嫌疑人的犯罪事实,他又早早地回到单位,继续走访相关证人，查询相关银行账户，为案件的突破争取了足够的时间。在工作中，丈夫时刻坚守秉公执法，从不接受涉案人员的私人宴请。他总是说，父辈们在艰苦的年代，都能兢兢业业，作为咱们这一代的年轻人，生活条件好了，面对的诱惑也多了，但绝不能贪图安逸和享乐，我们接受过高等教育，要趁大好时光，有所作为，对得起家人和国家。

　　三岁的儿子耳濡目染，也养成了好作风、好习惯。客人来到我们家，他总是先拿凳子让座，也从不和别的小朋友争抢东西，吃完的果皮也一定要扔进垃圾篓里。每当看到这些，我就感到很欣慰，岁月沉淀下来的精神之光已然照耀着家里的每一个人……

（作者单位系杞县妇女联合会）

不贪不占，活得心安

王冰凌

"不贪不占，活得心安。"这是奶奶在世时常说的一句话，也是我们全家人一直铭记在心的家训格言。

奶奶是一个典型的中国旧式老太太，勤劳、朴实、善良，大字不识一个，还缠着一双小小的"三寸金莲"。听姑姑们说，年轻时，奶奶是我们村里顶能干的人，家里、地里，孩子、老人，里里外外都是一把手，家里拾掇得干干净净，孩子们穿得利利索索，老人也照顾得妥妥帖帖。而且奶奶还是全村出了名的厚道人，谁家有个坎儿啊难的，奶奶宁可少吃一口，少花一点，也要帮一把，和街坊邻居相处，也生怕对不住人家，情愿多吃亏。

有一次，大姑姑放学回来，顺手从路边地里掰了几个鲜玉米棒子，回到家里东躲西藏的，还没来得及吃，就被奶奶发现了。奶奶问这玉米哪儿来的，姑姑嗫嚅着："从……从路边上俺狗爷家地里掰的。"奶奶气急了："你这不懂事的孩子，咋能偷人家东西哩，你狗爷年龄大了，身体不好，种个地不容易，赶快送回去！"姑姑不情愿："不就几个棒子吗，值个啥，再说咱家的东西也没少叫别人偷啊。"其实那个年代在农村，粮食都不够吃，从别人地里顺个瓜、摸个豆的啥也不算稀罕事，可奶奶却从不让自己的孩子这么干。她对姑姑说："别人我管不了，但咱家孩子不行，你现在占个小便宜，将来就想占大便宜，重了会犯罪，轻了也会让别人戳脊梁骨。不贪不占,活得心安啊。"最终,在奶奶的坚持下,姑姑将玉米棒子还给了狗爷,又给狗爷带去了几个新烙的大饼子,并且郑重地给狗爷赔了礼道了歉。

奶奶还有一次拾金不昧的"壮举"。有一年夏天,父亲在村里粘知了玩,竟然幸运地捡到了一个小布包,打开一看,里面有一卷皱皱巴巴的钱和布票,仔细一数,足足有三毛!那时候的三毛钱能买好几斤面,十几个鸡蛋。父亲拿着这笔"巨款"回了家,奶奶又是二话没说,拉着父亲就去找失主了。结果在村里广播上吆喝了三天,也没见失主来,倒是有几个来冒领的,都被奶奶和父亲机智地识破了,门口的婶子大娘们都笑奶奶傻:"他婶子,你傻不傻,几个孩子等着吃穿,拾了自己花呗,你看现在也没人领,还不如当初藏起来自己花了。"奶奶说:"兴许是外村来走亲戚的丢这了,不是咱的钱,花着心不安啊,再说丢钱的人心里能不急吗,说不定是人家闺女小子的新衣裳钱哩,要真没人领,就交给大队。"一个月后,还真有失主来认领了,是村里会计他姨家表哥,上次来走亲戚时丢的,那表哥领了钱,激动地都不知说啥好了。

父亲的干板性格绝对出自奶奶的真传。我十几岁时,父亲在我们县城当编委主任,官虽然不大,但用现在的话来讲也是"大权在握"了。那时,经常有人找到我家求父亲办事。这些人有的提溜着几瓶罐头、几袋麦乳精,有的搬着酒拿着烟,还有推着崭新的自行车来的,都被父亲严词拒绝了,他说:"想办事,就去办公室,能办的我决不卡着,不合规定的,再找我也没用。"当时我年龄小,不懂事,看见好吃的眼馋,总埋怨父亲傻,父亲就对我说:"孩子,不是我傻,我今天收几瓶罐头,明天就敢收烟酒,再往后就敢收黑钱,贪字一旦开了头,那就刹不住车啦,我可不能当贪腐的官啊,你奶奶不常说,不贪不占,才能活得心安吗?"所以在我的记忆中,我家绝对算得上简陋,人造革的沙发漏着海绵,水泥地坪上到处都是小坑,家里的厕所、洗澡间都是父亲自己盖的,院子里的水泥砖也是父亲花了两个月的下班时间用模子磕出来的,害得我那时都不敢让同学上家里来玩,怕同学嫌寒酸。现在想想,在父亲的那个位置上,如果稍不坚定,就会坠入腐败的深渊,父亲却在那个位置上干了十多年,直到退居二线。

如今,奶奶已经过世了,父亲也退休好多年了,我也成了一名纪检干部,但"不贪不占,活得心安"这句话却时刻不敢忘记,它就像盏一明灯、一个路标,在人生的道路上指引着我,激励着我,让我无论工作和生活,都能优雅而从容,因为我不贪不占,无悔无愧,所以我才能活得心安。我想,我的孩子也会如此。

(作者单位系杞县妇女联合会)

我 的 母 亲

朱珺萍

岁月如歌,人生如河,生活总是太匆匆,不经意间流过了太多。时常会想起我的母亲,那个勤劳、朴实、普通的农村妇女,她在我的心中,从未离开。

思念母亲,让我想起了这样一件事。那是三十多年前,我刚上小学的时候,放学后和同伴拎上篮子去地里割草,不大一会儿,草割满后,忽见小伙伴们都掐了好多快成熟的麦穗放在草下面,说是要回家熬麦仁吃。年少的我也动了心,可又怕回家挨母亲的吵,就只掐了八九个麦穗,准备回家偷偷喂刚买来的小鸡

儿吃。

　　回到家后，没想到我刚拿出来，就被细心的母亲看到了，她问我麦穗是从哪里弄来的，我如实回答，说是在学校操场南边地头处掐的，并给她强调了一下别的小朋友都比我掐的多。母亲听后说："咱不和别人学，你必须把这几个麦穗放回去，别愣着，赶快去。"我极不情愿地对她说："放回去也不能再长上了。"母亲却语气坚定地说："那也要放回去。"我只好委屈地照办了。

　　后来，我向奶奶告母亲的状，奶奶就跟我说："你母亲在生产队里集体干活时就是这样，别人每次下班回来都要或多或少的带回家一些公家的东西，你母亲却连一个柴火棍都没往家里拿，因此别人还都笑话你母亲傻呢。乖孩子，你母亲啊，她是穷得有骨气，她不想让你当教师的父亲没面子。"我似懂非懂地听着奶奶的述说，却不知道该怎么回答，心里却还想着母亲那严厉的话。

　　受母亲的影响，我和两个哥哥从小学到大学一直都是诚实守信的学生，不占便宜，也不说谎。等到后来毕业，我们都参加工作了，母亲还总是经常教育我们，在单位要少说话、多工作，不能图安逸，也不能见别人占单位的便宜就心动，一定要在别人面前挺住腰杆子，啥时候发不了工资了就跟家里要。母亲质朴的话语，回响在我和哥哥耳边，无时无刻不在激励着我们。

　　岁月最是无情，母亲的年纪大了，皱纹刻满了她的脸，银丝缠绕在她的头，她的背越来越驼，她的步履越来越缓慢，母亲的身体已经大不如前了。由于工作的原因，我们很少看望母亲，也不能再和母亲天天谈心。

　　记得那一年，母亲患重病住进了省城医院，可正好赶上全国经济普查,紧接着又是人口普查准备工作,我们乡的任务都落在了我的身上。为了能抽出几天时间去省城医院看望照顾一下母亲,我不分昼夜地加班工作赶进度。终于抽出时间能去医院看望母亲了,可没想到的是,赶到医院的第二天上午就接到了统计局的电话,说是全县统一纠正数据。我如实地对领导说,母亲患重病已经在省城医院好多天了,我想待几天再回去加班加点,保证不耽误工作进度。我接电话时的话语被躺在病床上的母亲听到了,她催促我赶紧回去,并语重心长地对我说:"工作重要,听话,赶紧回去,领导既然安排你做这项工作,你就要无条件的尽全力去干好,别担心我,我身体还硬朗,放心,闺女,妈没事。"拗不过倔强的母亲,我下午还是含泪返回去工作了。其实我明白,她老人家也深知和我们在一起的时日不多了,可她不愿影响我们,她怕自己成了儿女的累赘……

母亲离开我已经七年了,我时常会梦见她,她还是那么的和蔼可亲,还是那么的朴实勤劳。母亲啊,我忘不了你在厨房忙碌的身影,忘不了你嘱咐后辈的情形,忘不了你临走时说的话语。

母亲,你还好吗,女儿想你……

(作者单位系杞县湖岗乡人民政府)

良善家风惠久远

我家那些平凡事

胡丙永

  我的家是一个非常普通的农村家庭,一无楼房,二无轿车,三无银行存款。已过不惑的我,上有老、下有小——上有七十多岁的老父母,下有正在读大学的一双儿女,家庭境况虽然一般,但家庭中的每个人都为了这个家做出过或正在做出自己的贡献,创造了和谐、幸福、美满的家庭生活。

  我的父亲只有小学文化水平,是二十世纪六十年代的退伍军人,服役六年,在部队光荣入党。母亲是地地道道的农民,幼时因家贫没有进过一天学堂,连自己的名字也写不好。但他们为这个家付出了毕生的精力。每当看到他们历经磨难被岁月刻刀刻满皱纹的脸,我就想起了《诗经》中的一句话:"哀哀父母,生我劬劳。"

  在那艰难的岁月里,父母养育了我们兄妹四人,于二十世纪九十年代初期培养出了我们三个大学生:我于1990年考入河南农业大学,二妹于同年考入开封第三师范学校,三妹于1992年考入开封第三师范学校。在当时那个年代,农村家庭缺衣少穿,人均年收入仅有三四百元,可想而知,我们兄妹三人在外地上学,无疑给父母带来了更大的负担。父母为了三个儿女在外的花销,在家里是多么的艰苦。可是他们从没有在子女面前抱怨过什么,而是在家省吃俭用,辛苦劳作,想方设法为子女筹措必需的生活费。我记得非常清楚,父亲每天骑着自行车带着一个大筐篓,在附近二十多里地范围内的村庄收购鸡蛋,再骑着自行车到开封市里去卖,赚取十几块、二十块钱来贴补家用。

父母虽然文化程度不高,但他们对祖父、祖母的孝顺和爱深深地影响着我们。祖母九十四岁时去世,去世前,由于摔跤,股骨头断裂,因年龄太大手术风险高,医生建议保守治疗。祖母在病床上躺了半年之多,吃喝拉撒全包在我父母身上,在病房里为祖母换膏药、喂饭、给她翻身、洗脸洗脚、接大小便……父母任劳任怨,从不嫌弃,只要祖母说什么,父母都尽全力满足。在我记忆中,很少看到父母和祖母闹别扭的情况。

父母虽没有像古代先贤那样用大道理教导我们,但他们的一言一行和对家庭无私奉献的精神,已经潜移默化地影响着我们,他们勤俭持家、孝老爱亲的举动深深地打动了我们的心。有人说他们的行为就是我们中华民族的美德。我们兄妹四人都能秉承父母的精神,在各自的家庭中做出好的表率,努力工作,勤俭持家,孝老爱亲,营造各自幸福美满的家庭,使老人和孩子都能愉悦生活。

我1994年毕业后被分配到杞县交通运输局运输管理所工作。在二十多年的工作生涯中,秉承父母无私奉献的精神,严格要求自己,奉公守法,遵纪守规,多次响应党的号召,做好党的宣传工作,参与县委组织部开展的多项活动。

在1995年到1997年的挂职锻炼期间,我牵头完成了一个几近瘫痪的村"两委"班子的建设,推进全村各项工作开展和落实,并为该村引资建造了一所希望小学。"三个代表"下基层那年,正赶上"非典",我在杞县苏木乡咸岗村,一天夜里,在外出务

工人员聚集处,有人突发高烧,疑似"非典"症状。我二话没说,连夜送他到苏木卫生院检查。当时那个时期,谁都不敢接触发热病人,我完全没有考虑那么多,只是按照父母的教导,做一个对国家有贡献的人,发挥一名党员干部所应该起到的带头作用。

我的妻子也是个地道的农村人。婚后这些年,看到我那微薄的工资(自收自支单位,二十多年来,最高工资每月655元)和仅靠土地上种植传统农作物极少的收入,无法维持家庭生活,她便常年在饭店、超市打零工,挣钱贴补家用。我的妻子从没有对这个家庭有任何抱怨,有的只是为这个家庭默默的付出。

2012年,母亲由于操劳过度,突发脑出血,在医院住院治疗两个多月,花了几万元的治疗费,这对我们原本拮据的生活,无异于雪上加霜。母亲从重症监护室出来后,多次哭闹着要我和妹妹们放弃治疗。我们兄妹几个坚持说,无论多么困难,只要有一丝希望,我们决不放弃。儿女们不能忘记父母的养育之恩,不能眼睁睁地看着母亲因放弃治疗而离世。经医院极力抢救,母亲虽然保住了生命,但是却丧失了大部分活动能力,只能整天坐在轮椅上,由我们照料至今。

我和妻子秉承勤俭持家、俭朴生活的理念照顾父母和子女。我们两个都互相体谅着对方的艰辛,在生活上互相体贴和照顾,很少有矛盾发生。我们俩为一家人的生活而忙碌着,虽辛苦却很快乐。

值得欣慰的是,除了母亲因病而导致的抑郁症,我们全家人都非常幸福,家庭很是和谐。母亲的病,没有给我的儿女带来太大的影响。那一年,两个孩子都以优异的成绩被录取:女儿升入杞县高中,儿子被河南大学附属中学国家级宏志班录取。孩子们在校期间都能为家庭着想,不讲吃,不讲穿,从不和富家子弟攀比,只是尽心尽力地学习文化知识,提升综合素质。

高中期间,儿子一直是班主任的得力助手。三年的班长和两年的校学生会主席经历,大大提升了他的工作能力,他所在的班级曾被评为国家级优秀班集体。女儿在杞县高中非常勤奋,成绩一直保持在年级前一百名。2015年高考时,她取得了全校英语单科第一名的好成绩。

2015年,高中三年学习期满,儿子和女儿分别被河南农业大学和长安大学一本专业录取,在大学里的表现也非常出色,分别在校团委和学生会担有职务。儿子在入校一年后被发展为中国共产党预备党员,女儿获得国家二等奖学金。非常感谢杞县工会在孩子入学时给予了我们3000元的金秋助学奖学金,帮孩子们圆了大学梦。两个孩子都说会永远记住国家对我们的帮助,永远保持优良的家庭作风,艰苦朴素,勤俭节约,完成四年大学教育,成为一名为国家和家庭做贡献的人,报答国家,不辜负国家和家人们的期望。

我的家庭是平凡的,是非常清贫的,但我从未悲观过,一直为这个家努力奋斗着。我认为一个人只要心存孝义,家庭就能和谐;只要心中常有赡养父母、抚养子女的担当,生活中的困难和艰辛都能破解;良好的家庭教育是一种传承,一代人做好了,下一代人也会做得更好,于是就会有成就感;坚持艰苦朴素、勤俭持家的理念,你的家庭就会永远幸福;有了幸福美满的家庭氛围,你才能享受辛苦工作带来的快乐生活。

(作者单位系杞县道路运输管理所)

尊老爱幼,互助和睦——我家的幸福秘诀

刘荫山

我们家的家风家训是"老爱幼,幼尊老,互帮互助,知恩图报"。

说到这些,不得不提我的曾祖母,她生于晚清,历经晚清、民国和中华人民共和国三个时代。虽然她大字不识一个,却十分通情达理,亲戚邻居谁家有个吵架拌嘴的事,总爱找她诉苦评理。夜晚,在昏暗的煤油灯下,伴随着"嗡嗡"的纺花车响声,曾祖母总是不厌其烦地耐心开导,当黎明的第一缕曙光照亮天空的时候,来诉苦的人总是满意而归,一家人总能重归于好。

中国人民解放军河南省军区任命书

第3295号

任命刘之柱为杞　县人民武

装部秘书

司令员　毕占云

政治委员　刘建勋

　　　　　吴芝圃

1962年1月15日

尊老爱幼，互助和睦——我家的幸福秘诀

曾祖母膝下有我的祖父和我二爷两个儿子，在她的言传身教下，兄弟二人从小就相互谦让，互帮互助。不幸的是我的祖父三十一岁那年便去世了，留下祖母领着八岁的父亲艰难度日。当时我的二爷正在县武装部任秘书，他便毫不犹豫地担负起了帮助我家的重担，而且这一帮就是几十年。

在二爷的资助和悉心关照下，父亲读完了小学、初中，后来又考上了杞县师范学校，走上了教书育人的工作岗位。到了二十世纪六七十年代，我们兄妹七人先后出生，生活的困难可想而知。

到了八十年代，实行家庭联产承包责任制，土地分到了各家各户，我们家一下分到了二十多亩地。虽然土地分到了手，但父母怎么也高兴不起来，因为我们兄妹几个年龄小，家里劳力少。每到麦收、秋收季节，二爷便在工作之余到我家帮忙，不仅如此，他还动员姑姑、姑父还有叔叔一起回家干活。当我们一家几十口一起走向地里去干活的时候，总能引来路人羡慕的目光。那时，生产资料如化肥、柴油奇缺，每到小麦耕种季节，二爷总是自己掏钱帮我们到杞县第二化肥厂买好化肥，再到南关买好柴油，然后让我和兄弟拉着架子车到县城去拉。板木距县城30公里，路不好走，每次去的时候都是星斗满天，回来时却已是日落西山，虽然累，但我们的心里却是充满了无限的快乐。

后来，二爷退休了，但他乐观向上，总是面带慈祥的笑容去迎接每一天。他积极参加老年活动，成了老年门球队的一员，每天骑着自行车到西关水东烈士陵园门球活动场地打门球，偶尔也打打麻将自娱自乐。

2013年6月，二爷突患脑梗住进了医院，在他住院的三个

月里,叔叔婶婶由于工作忙,抽不开身照顾二爷,便由我们兄妹几个轮番照顾。在我们照看二爷的时候,与他同住一个病房的病友总是用诧异的目光看着我们,一头雾水。后来,当他们得知我们这个大家庭的故事后,无不伸出大拇指夸我们"像这样的大家庭如此和睦,真让人羡慕"。

现在,我们兄妹几人先后都成了家,但二爷在2014年却因病以八十四岁的高龄永远离开了我们。睹物思人,每每想起二爷的帮助,都使我泪流满面。昔日的大家庭如今虽然已组成许多小家庭,但我们总能互帮互助,团结和谐。这些与上辈的言传身教是密不可分的,这种美德我们将一代一代传下去,让我们终身受益。

我们的国家正是由这样一个个小家庭组成的,尊老爱幼、互帮互助是中华民族的传统美德。我们的每一个小家庭和睦相处了,那么,实现中华民族伟大复兴的中国梦将指日可待!

(作者单位系杞县板木乡人民政府)

家慈子孝，其乐融融

蔡相龙

家风是指一个家庭或家族的传统风尚或作风，北周庾信《哀江南赋》序中说："潘岳之文采，始述家风；陆机之辞赋，先陈世德。"家风的形成往往是一个家族中出了一位出类拔萃的人物，他的言行便为家族其他成员所宗仰追慕，于是成为家风之源，经代代相传，形成了一个家族鲜明的道德风貌和审美风范。

而随着时代的发展，大家族已渐渐演变成小家庭，没有了高贤大德的存在，也没有了家规诗文的固化，再加上功利化思想的侵袭，形成有序家风的难度平添了不少。但我想，一般的人家，奉行的一些生活习惯，或者遵守的一些社会公德，如果能得到很好传承的话，不也是一种家风吗？从这个角度讲，现代的每一个家庭还都能总结出一点点内容，因为这像小花小草一样，生根发芽太过不易，所以更需要我们去弘扬。我家的家风是什么呢？我想还是落脚到"至孝"两个字上。

我的爷爷自幼穷苦，其父早逝，与母亲相依为命。在年少时，他去给地主家干活，地主有时给件衣裳，有时给口吃食，爷爷总舍不得，干完活第一时间拿回家给母亲。爷爷成年后参加革命，也曾东躲西藏，九死一生，在遇到危险的时候，他最放不下的还是家中的老娘。1949年后，爷爷任国家干部，每当往家里捎几个橘子、一块牛肉等稀罕物时，也总先给老娘尝尝，因为物质

良善家风惠久远

紧缺,很少给孩子们吃,但老娘床头的水果糖却是不断的。家里那时是三间草房,其中一边有个斗大的窟窿,长年没有材料能够修缮,爷爷便让老娘住到不漏的一边,每逢下雨时,漏的这边用锅接完了,再用盆接,而自己老娘那边,床褥都不会被淋湿。

　　爷爷这种至孝的家风被我的父亲、姑姑们和爹(叔叔)继承了下来。我记得我小时候,爷爷每隔一天,都会早早地到镇上赶集,母亲总是去割点肉,炒俩菜,再拿出酒盅,让爷爷边吃边喝,爷爷还常拿筷子沾酒逗着我玩,这个时候,他看着孙子笑眯眯的,总是一副很满足的样子。后来,爷爷病重,一家人特意带他去看看黄河大桥,以了却他的一个心愿。在爷爷卧床的半年里,父亲学会了打针,并用尽一切办法去找止疼的药,因为整夜的操劳,父亲脸上长满了斑,并一直伴随他到现在。

　　爷爷去世时,我还小,和表兄弟们在另一个房间。半夜时分,父亲、姑姑在堂屋围着爷爷,不停地呼喊

着,声音充满了惶恐。过了一会儿,忽然传来了号啕大哭声,那一刻,我知道我再也没有爷爷了。而爹去医院找氧气了,当他回来时,听到了全家的哭声,他也明白发生了什么,一下子绊倒在地上,再也站不起来,连滚带爬地到了爷爷身边。如今回想起来,那时父亲才三十岁,爹才二十多岁,在略显稚嫩的年龄,他们已没了父亲,这是让我想都不敢想的。

爷爷去世后,父亲有时会因怀念而掉下泪来,常会反复地给我讲一个细节。一天,父亲在帮爷爷修理剃须刀,螺丝洒了一地,而爷爷围在旁边看着,父亲很急躁,就冲着爷爷说:"你去一边休息呗,别在这看了。"爷爷有点不高兴,但也没说什么。父亲每讲到这里,总会泣不成声,擦干眼泪后,父亲就会说:"我还是年轻啊,不理解老辈人的心情,他看着你,那是想多陪陪你……"从父亲的懊悔中,我体会到一种叫作"子欲养而亲不待"的痛苦。

我的奶奶有好多年由我的父母奉养,当时我当兵已满五年,家里问我是否要回来,我说想复员,其中一个小小的因素是奶奶年龄大了。奶奶的耳朵很背,我们一家人就养成了大声说话的习惯,奶奶常说的就是:"吃了吗?"我总是扯着嗓子说:"吃啦。"尽管话翻来覆去就那老几句,但却感到一种撒娇的、被人关怀的快乐。奶奶的脚趾甲长了,我总是蹲在那里帮她剪,她总说:"孙子孝顺。"其实,比起我小时候她对我的照料,我又才做了多少呢?

为了能孝敬奶奶,四姑特意买了二楼的房子,把奶奶接去住了几年。那几年,奶奶腿脚已经不好了,但很是安静开心。有一回,奶奶拄着拐杖,被一个倒走健身的人撞到,四姑赶去后,奶奶却拉住四姑:"闺女,别怨人家,别讹人家,让人家走吧。"事后,四

姑常回忆这事,给她的学生讲:"在孝敬老人中,我们可以学到老人身上的很多东西。不一定是什么大道理,却能让你受益终生。"四姑父对奶奶也很尽心,有次他边喝酒,边嚼兰花豆,奶奶在一旁看着,四姑父说:"妈,你可别吃,太硬了。"说完转身去旁边拿个东西,回来后看见奶奶捂着嘴笑,就问:"咋了?"奶奶不好意思地说:"没听你的话,吃了一个,两颗牙硌得剩一颗了。"是啊,老人年纪大了,如果她的生活舒心,就会有返老还童的倾向,当小辈的,不光要照顾吃穿,也要照顾心理,让老人也体验体验被哄着宠着的滋味。

奶奶早年还有一回被诊断为肺癌,全家都觉得天要塌了,便商量决定再去做一次检查。我在家里等着,远远的,看到父亲、爹和姑姑们回来,突然心里有一种奇怪的感觉,是不是没事?慢慢走近了,看到大家都面带笑容,我的心好像要跳出来了,不禁拍起巴掌来,真的是奇迹发生了,误诊!失而复得的喜悦,比中彩票要美妙十万倍。

但岁月总是催人老,多年以后,奶奶还是到了临终。那是一个临近春节的冬日,一家人围在她的身边,爷爷去世时那熟悉的场景又回来了。奶奶的脸深凹了进去,嘴一张一合,已经没有了意识。在最后的几个小时里,她一会儿停了呼吸,我们便拼命地叫她,她又能平静一会儿,呼吸几下。这时我忽然有个念头:给她录一段视频,作为一种永久的留念。录完我想,生命要是可以交换就好了,我用自己的十年换给她十年的寿命,她的亲人都给她换几年,该多好。每一个人在生死面前都是那么渺小,终于,奶奶长出一口气,再也没有了动静。在一片慌乱中,她的侄子顾不上哭,赶紧张罗着奶奶的后事,等忙完了,才痛快地大哭一场,

良善家风惠久远

从哭声中能听出来,是真亲,真伤心。是啊,这就是人,奶奶十多岁孤零零从通许县逃荒到焦喇这个小村庄,熬了一辈子,熬了这一大家子人。人啊,不就图个人吗?

日子比树叶还稠,一家人里,偶有磕磕碰碰,但还是平平淡淡的时候多,而这种和谐融洽的家族氛围,是多少财富也换不来的幸福吧。虽然很平凡,但即便是神仙也会羡慕,因为神仙过得太冷清了。"至孝"是亲情、是爱的根本,是家族笑声的源泉,这就是孝心的价值,也是孝心的获得感。光阴如水啊,谁看到过水能倒流?尽孝对于每一个人都是有限的,老人不可能陪你到老。

家有一老,如有一宝。上有老下有小,才是一个完整的家庭。将"至孝"作为我家的家风,就是让我们不忘初心,父亲说过:"父母给孩子的爱,孩子能回报一两分就算难得。"四姑说过:"没有了老人,就找不到回老家的理由了。"老人是我们的来处,死亡是我们的归宿,如果不孝敬老人,我们便只能看得到归宿,如何回首去看我们的来处呢?

家慈子孝,其乐融融,这是我家所追求的家风。这很普通,我很珍惜。

真快,奶奶去世已有四年了。

(作者单位系中共杞县纪律检查委员会)

听爷爷讲过去的事

史法杰

关于家风的话题,心里一直就有要写点什么的想法,恰好,县纪委、县妇联举办"我的家风家教故事"征文活动,借此机会,我也谈谈我家的家风家教故事。

说起家风,我觉得,首先应当从我的爷爷那里说起。在我上小学的时候,爷爷就开始给我讲发生在他们这一代人身上的"拔丝琉璃馍"的故事。提起"拔丝琉璃馍",很多杞县本地的小伙伴都会想起农村喜宴上经常吃的一道美食,可是,爷爷所经历的"拔丝琉璃馍"的故事与吃有关,却与美食无关。

事情发生在二十个世纪五十年代,爷爷当时在杞县于镇初中上学,是于镇初中建校招生的第二届学生,从位于宗店乡刘寨村的家里到学校大概有 20 里路。在那个年代,生活条件普遍不好,学校虽然有食堂,但是很多学生吃不起,大部分学生都是自带干粮。爷爷去上学都是走路,每次从家去学校的时候还要带上三四天的口粮。爷爷的母亲会赶在爷爷走之前,用一些红薯干、萝卜干、野菜和面,做一些杂面馒头,装满一书包,让爷爷带上。为了让学生夏天不吃坏馍,冬天不吃冻馍,学校备有蒸笼。到了学校,每次吃饭的时候,就用一个写有自己名字的小手绢或者做有标记的网兜,将一顿吃的馒头包起来,拿到学校食堂,让师傅们馏一馏,就着开水吃。夏天,天气热,馒头两天就会发霉变质,馏熟以后,掰开,霉醭像丝一样被扯开。冬天,天气冷,馒头放一夜就会结冰,冻得像琉璃块。就是这样的馒头,一次也不能拿太多,多了家里没有啊。每次吃完的时候,就耽误一个晚自习,步行回家拿吃的,第二天一早摸黑回到学校,不影响上午上课。就是这样的条件,我爷爷那代学生照样过得很快乐,还有一些同学打趣道:"只有结婚招待贵宾的上等酒席才能吃到的'拔丝琉璃馍',我们却经常吃!"爷爷工作以后,经常自称是一个乐天派,我想这种超然的心态大概也与这段特殊的求学经历有关。

上天总是垂青勤奋的人,经过三年艰苦的初中生活,1956年,爷爷从于镇初中考上了洛阳拖拉机制造学校(后来更名为"洛阳工学院",现在的校名是"河南科技大学"),成为那个年代我们村为数不多的大中专生。爷爷在洛阳上学以及实习的六年时间里,生活条件仍然很艰苦。我听爷爷讲,那个时候交通不便,从我们老家没有去开封的车,爷爷就步行20多公里的路到杞县县城,叫上几个同学,然后再步行大约30公里去兰考火车站,从兰考坐开往洛阳的火车。

通过爷爷身上发生的故事,我明白了他们那代人的艰苦:物质极度贫乏,但还要追求精神的富足,克服重重困难去上学。由于爷爷自身的求学经历,使得他对我们晚辈的学习十分重视。还记得,我小时候很淘气,入学之前就发生了一件让人忍俊不禁的事,我至今还记忆犹新。

我的哥哥比我大两岁,比我早上学两年。他上学前班刚开学,领了新书,回到家炫耀得不得了。我就趁他不在,把他的书给撕下来两页,叠成了纸飞机。哥哥知道后,很生气,就叫着我,拿着被我撕破的书跑到爷爷家去告状。爷爷知道了事情的经过,

脱下鞋子,用鞋底子朝着我的屁股打了两下,可把我吓坏了,疼得我哇哇大哭,知道自己犯下大错了。这件事在我幼小的心灵留下了深深的印记,知道了学习是一件很重要的事情,马虎不得。在我以后上学的时候,自然再也没有撕过课本。

爷爷毕业以后,在洛阳拖拉机制造厂实习两年,1962年被分配到了原杞县机械厂,后来被调入原杞县毛纺厂工作。虽然在县里工作,但我奶奶仍然领着几个孩子在村里住,我爷爷也就时常回去。村里人口多,但大多是本姓。距离我家老宅约有五十米,住着一户姓黄的人家,一家三口人,一个妇女带两个孩子,都是男孩,十分不易,家里的收入全靠在生产队干活,挣点工分。这家的小儿子叫黄玉营(小名叫黄串儿,按辈分我得管他叫"串儿爷"),特别聪明,学习也十分用功,高考时考上了新乡医学院,但接到录取通知书以后,家里也很犯愁,因为缺少学费和生活费。我爷爷回家听说这件事情,就和奶奶商量,从前不久卖牛攒下的200元中拿出100元,主动送到了黄玉营家中,为他们家解了燃眉之急。我听家里人说,当时,人民币最大的面额才是10元的,村里人都管这种10元面额的钱叫"老头票儿",意味着可以买很多东西。因为这件事,两家的关系又近了很多。如今,黄玉营已经在开封市的一家医院做了主任医师,对我爷爷奶奶当年对他的帮助还念念不忘。后来发生的两件事情,让我爷爷也深受感动。一次是二十多年前,爷爷的母亲病危,当时黄玉营正在老家,他就紧急进行抢救,做心肺复苏,做人工呼吸。我那时有六七岁,对这件事已经有些模糊的印象,后来我爷爷时常念叨这件事,我也就记得特别深刻。还有一件事,就是几年前,我奶奶因重度脑血栓在杞县中医院住院治疗,我三叔第一时间就给黄玉营打电话,黄玉营也在接到电话的第一时间就带着市里的专家专程赶到杞县给我奶奶会诊。爷爷奶奶当年"投之以桃",黄玉营后来"报之以李"的举动,也验证了一句老话——平时爱帮人,急时有人帮。

爷爷在毛纺厂上班的时候,经常骑着一辆自行车,在厂里和家里之间往返。有一次爷爷回到家,有一个邻居到家里借钱。因为他家里要了第三胎,正赶上计划生育政策最紧的时候,被罚了几十块钱,缴不起,面临被捣房的境地。邻居两口子一起到家里借钱,我爷爷满口答应,说:"三天后,准时来拿钱。"可是,说这话的时候家里实际上是没钱的,因为自己家里也有五个孩子,哪有多余的钱。借钱的一走,奶奶就说:"他们家确实穷,别说家里没有钱,就是有钱,街坊也都不愿意把钱借给他们,怕他们还不上啊!"爷爷说:"是的,他们家挺可怜的。"奶奶接着往下说:"咱也想帮帮他们,可你答应得怪利索,咱上哪弄钱呢?"爷爷就说:"我想办法,到时候让他们来拿钱就是了。"第二天一早,爷爷像往常一样骑着他的自行车去县城上班。到了第三天,邻居就到家里来拿钱了,爷爷奶奶果然没有食言,如数把钱借给了他们。可是奶奶却发现了一个异常,往常爷爷每次都是骑着他那辆心爱的八成新的自行车回来,这次却反常的没有骑车回来。原来爷爷想来想去,想到的办法竟然是把他的自行车给卖了。一辆自行车,为邻居保住了房子,爷爷奶奶都觉得值。邻居保住了房,喜出望外,逢人就夸这件事,爷爷奶奶也因这件事情落了一个"大善人"的称呼。

爷爷既是一个有故事的人,也是一个爱讲故事的人。小时候,爷爷不仅给我讲他自己的亲身经历,还经常给我讲一些别的故事,透过这些小故事来告诉我为人处事的道理。我不知道这些故事是爷爷自己编的,还是从书上看来的,但这些小故事,恰如在我幼小的心灵里播下了一颗种子,开出了正直、善良之花。有些故事,我至今还记忆犹新。

其中有一个"光荣与可耻"的故事是这样的。说是在一个村庄里,有一户人家,家里有两个小孩,一个叫光荣,一个叫可耻,光荣从小就爱学习,而可耻呢整天不好好学习,还好吃懒做。慢慢地,这两个小孩长大了,光荣考上了大学,回到家乡当了警察。可耻呢,由于不爱学习,自然没考上大学,在家务农,但他好吃懒做的习惯一直没有改变。一天晚上,在一个派出所里,警察抓回来一个小偷。所长过来一看,原来这个小偷不是别人,正是他的亲兄弟可耻,两人在此相见,面面相觑,十分尴尬。

爷爷身上的故事,告诉了我们很多人生的道理,特别是他那勤奋刻苦、乐观向上的求学精神,与邻为善、乐于助人的善良品行,踏实做事、正直为人的优秀品格,至今乃至在更久远的将来,也一定会激励着我们整个家族,鼓舞着我们在生活、学习、工作的路上不怕苦不怕累,一往直前。

(作者单位系杞县人民法院)

百善孝为先

韩永涛

我们家不是名人家庭,总结一下我们家的家风家训,那一定是爸爸妈妈经常挂在嘴边的那句话——百善孝为先。

从小爸爸妈妈就教导我要有孝心,要尊老爱幼,要遵守我们中华民族的传统美德——孝道,他们自己也身体力行。我们家是一个大家庭,爸爸兄弟四人,爷爷去世得早,是奶奶一手把他们抚养成人。我的爸爸、叔叔和伯伯对奶奶也是孝敬有加。

他们兄弟四人有国家工作人员,有村干部,还有建筑工人。为了报答奶奶的养育之恩,兄弟四人每家拿出一部分钱,在县城给奶奶买了一套房(一楼带院,出入方便),让奶奶安享晚年。这事儿在我们村是出了名的,当时我家和三叔家都在村里住(直到现在,我家和三叔家的房子还在农村),经济条件还不宽裕,我当时还在上高中,就这样我们还是咬咬牙,省吃俭用,拿出了这笔资金,给奶奶在县城买了房。现在我还记得爸爸嘱咐我的话:"孩儿啊,你奶奶把我们兄弟几个拉扯大不容易,让她在县城生活,早上起来吃个早餐、上街买个菜方便。你奶奶都六十多岁了,该让她享享清福了,'百善孝为先'啊!"

奶奶七十岁左右的时候,生了一场病,身体虚弱不堪。爸爸他们兄弟四人跑了好多地方给奶奶看病,连外省都去了。最后,奶奶虽然有所康复,但是生活上还是不能自理,需要一个人专职照顾。就这样,我爸他们兄弟四家轮流照顾奶奶。奶奶八十四岁的时候,身体越来越差了,家人的悉心照顾也未能挽留住她老人家的生命。

奶奶去世的那天,我们全家人都悲痛万分。当时,村里人纷纷议论:"要说孝顺啊,谁都不如他们老韩家,自己还没有在县城买房,却先给老母亲在县城买个房,让老母亲在县城安享晚年。老母亲有病生活不能自理,他们弟兄四家轮流伺候,坚持了十多年,如今老太太活到八十多岁,在我们农村算老寿星了,不错啊。大家应该向他们老韩家学习啊!"

"百善孝为先",我要牢牢记住这句话,并把它作为我们的家风家训,传递给我们的儿孙,教导他们从小就做一个孝敬父母、懂得感恩的人。

(作者单位系杞县裴村店乡人民政府)

父母为镜,子女正身

石 芳

生活中每个人的性格特征、道德素养、为人处事等,无不留有家风的印记,成长在拥有良好家风的家庭中是人生最大的荣幸。从小到大,我是在一个充满阳光、充满爱的家庭氛围中长大的。父母一直教导我们要孝敬长辈,踏踏实实做事,实实在在做人。我们的家风就是"百善孝为先"。父母总是以身作则,言传身教。

我的奶奶是一位慈祥和蔼的老太太,一生养育了六个子女,对每一个重孙子女更是呵护有加。她用自己一生的精力哺育孩

子们成长,把所拥有的最好的东西都留给孩子,自己却舍不得花钱,舍不得吃,舍不得穿。奶奶在院子里专门饲养了一些柴鸡,她总是对我们说:"柴鸡蛋的营养价值高,在菜市场上很难买到真正的柴鸡蛋,自己家的鸡蛋吃着放心。"

我们家里的孩子都是吃着奶奶攒的柴鸡蛋长大的。奶奶信佛,一辈子积德行善,为人热情、真诚。奶奶曾说:"地上死一个人,天上就又多了一颗星星给走夜路的人照亮。"那时的我们坐在庭院里,奶奶用大芭蕉扇给我们扇蚊子,凉凉的风,闪闪的星星,最美好的时光,永远地留在了我的记忆里。

2016年初春三月,原本应该是风和日丽的季节,而我的奶奶却因为脑血栓病情加重导致脑萎缩。她忘记了曾经的往事,生活完全不能自理,但她唯一记得的就是自己的孩子。爸妈每天悉心照料生病的奶奶,因为奶奶不能咀嚼食物,妈妈每天都会把米汤、鸡蛋、面条、小米粥、黑芝麻糊等食物变着花样儿打成糊状,一勺一勺地喂进奶奶嘴里。为了让奶奶营养均衡,也会把买来的香蕉、芒果、火龙果、苹果、西瓜等打成糊状,只要是奶奶喜欢吃的,妈妈都会想尽一切办法喂给她。

夏天,怕奶奶热,又怕在空调屋里待久了,凉气大,空气不流通,对奶奶身体不好,妈妈就会把奶奶抱到有自然风的树下面乘凉。因奶奶大小便失禁,每天夜晚,爸妈就会轮流给奶奶换尿垫,寸步不离,生怕因自己睡着了,让湿透的尿垫凉到了奶奶。妈妈跟我说:"用尿不湿不透气,穿上不舒服,特别是炎热的夏天,用垫子虽然我们麻烦些,需要经常换洗,但老人不受罪了。你奶奶年轻的时候因为家里穷,孩子多,吃了不少苦,受了不少罪,现在生活条件好了,我们要尽自己最大的努力让她老人家好好地安度晚年,现在就是我们报答她老人家的机会。孝顺是做人的本分,把你奶奶照顾好了我心里就踏实了。"

爸妈给奶奶买了店里最好的轮椅,我们每天都可以推着躺在轮椅上的奶奶去广场、公园里玩。在广场和公园中,随处可见的是父母推着婴儿车,但我们家的推车里推的是因生了病,不会自己走路、吃饭、说话的老年人。就像母亲推着婴儿车里的婴儿一样,包里同样是装着吃的、喝的、纸巾、尿垫。孩子怎样成长,老人就怎样退化,他们没有"痴呆",只是回归到了孩子的状态。当他们忘记往事,忘记如何吃饭,忘记如何说话,做子女的一定要耐心对待,人生本来就是一个轮回,这是给予子女回报父母的机会。永远记住一句话,感恩是小德,忘恩是大恶,人这一辈子都不要留下"树欲静而风不止,子欲养而亲不待"的遗憾。

爷爷奶奶一辈子总是为别人着想,对亲朋好友、左邻右舍都是热情相待,并告诉我们家里的每一个人,一定要善待每一个和我们相识相处的人,要学会用一颗感恩的心去生活。爷爷家是县城的,给我留下印象最深的,就是在我小时候,经常会有乡下的亲戚来县城里办事,那个年代的交通还不发达,没有汽车,没有公交车,有时候这些亲戚在家里一住就是好几天,无论家里哪个乡下的亲戚或者乡邻来县城办事,奶奶都会不辞辛苦,为他们做可口的饭菜,从无怨言。奶奶还有几个在县城里上学的侄子、外甥,奶奶都会让他们住在家中,每天放学回到家,都已经为他们做好了饭菜,晚上照看他们休息,有困难了就接济他们。这些孩子个个都很争气,学习成绩也特别优秀,如今都已功成名就,隔三差五的都会回来看望我的爷爷奶奶。

半年后,奶奶又一次病情加重,突发紧急情况被送到医院重症监护室。当时奶奶的身体已经僵硬,嘴里还不停地出痰,昏迷不醒,输液输不进去,医生也是束手无策,说人已经快不行了,回家准备后事吧。我们怀着随时都会失去奶奶的心情把奶奶接回家,围在她床前。看着奶奶被病痛折磨,而自己却无能为力,我心里很是难过,握着奶奶的手泪如泉涌,如果可以的话,我宁愿用自己几年的生命去换回奶奶的健康。妈妈对家人说:"一定要坚持照顾到最后一刻,绝不放弃。"当时奶奶的情况很危急,四肢瘫痪,昏迷不醒,水米不进,嘴里不停出痰,丧失语言能力。妈妈每天都会通过鼻胃管,定时定量地用针管把流食打进她的胃里,嘴里一旦有痰立马就用吸痰器把痰吸出来。爸妈每天都要坚持给奶奶翻身、擦身、按摩、晒被褥,因为病人长时间卧病在床,容易生褥疮导致皮肤溃烂。爸妈每天都守在奶奶床前,不敢合眼睡觉,害怕没有及时把奶奶嘴里的痰吸出来,影响奶奶的呼吸功能。奶奶似乎是有感应的,我们在她耳边讲起往事,她的眼泪会顺着眼角往下流,会眨几下眼睛,奶奶很坚强,也许是不舍得离开我们,每次都能与死神擦肩而过,创造奇迹。其实这都要归功于爸妈对奶奶无微不至的照顾。都说久病床前无孝子,而这种现象在我家里是不存在的。妈妈对我说:"我跟你的奶奶有缘分,几十年没吵过一次架,闹过一次别扭,你的奶奶也是一个孝顺的儿媳妇,对你老奶奶的孝心也是感天动地。"平日里,我每天都会抽时间去看望奶奶,给奶奶喂饭,剪指甲,梳头发,洗脸擦手,每次我都会给奶奶脸上涂上护肤品,因为我幻想着每天涂上护肤品的奶奶就会变得年轻,就会多陪我们几年,然而却没有。每当给奶奶喂饭时,我总有种想哭的冲动,现在我们为奶奶所做的一切就像奶奶曾经为我们做的一样。有奶奶相伴的三十年岁月,历历在目。思绪回到了十二年前,我去外地上大学时,奶奶早早站在车站门口等着送我,她拉着我的手不停地哭,我知道那是不舍得我离她那么远,要半年才能见上一次,就像现在我不舍得奶奶哪天突然离开我一样。又想到我曾经被妊娠剧吐折磨得痛不欲生,每天只能靠输几瓶葡萄糖液维持营养的经历,妈妈说奶奶看到我如此难受,哭着爬到楼上给神灵磕了几十个响头,并许愿宁愿自己折寿也要保佑我母子平安,少受折磨。想起寒冬腊月在我坐月子的时候,奶奶给我带来了自己攒的将近200个柴鸡蛋,并对我说:"天太冷了,咱家的鸡子不咋下蛋了,就攒了这么多。"而奶奶攒了这么久,却一个也没舍得吃。想起奶奶在自己身体还好的时候为我们这个大家庭的每一位成员都亲手缝制了一双鞋垫,还笑着对我们说:"趁自己还能干点活,眼睛瞅得见,多给孩子做一些事情,穿自己缝的鞋底子不出脚汗,不臭脚。"就是这么一位普通瘦小的老太太,没有文化,却用她勤劳的双手养育了我们这个大家庭上上下下四十几口人。而我们现在为她老人家所做的,跟她这辈子的付出比起来,显得那么渺小,那么苍白无力,不值一提。孝敬老人要趁早,因为他们正在慢慢变老,时间不等人,不要让等待变成终生的遗憾。

初冬时节,奶奶带着对亲人们深深的眷恋永远离开了我们,全家人泣不成声,陷入一片悲痛之中。奶奶走的时候很安详,脸上带着脱离病痛的释然,因为奶奶心里知道自己的儿女们已经尽心尽力尽责了。奶奶是凌晨三点多去世的,妈妈说奶奶这一辈子时时刻刻都在为子女们着想,就连临走的时辰也是自己选好的。用我们这边的说法就是:奶奶是凌晨去世的,这一整天的三顿饭老人家都没有吃孩子们的,是为了多留些口粮给子孙,这样子孙们会越过越富有。我最亲爱的奶奶,您知道吗,爸妈为了让你平安无事地度过最难熬的冬天,早已经做好了入冬准备,买了一个最大功率的空调,一旦天气转凉,楼下的几个房间都会时刻保持着人体最舒适的温度,而您还没有来得及用一天,就离开了最爱您的亲人,从此阴阳相隔。天上地上就又多了一份牵挂,而我又失去了一份疼爱。

葬礼那天,淅淅沥沥下着小雨,送行的队伍排了好几里地,引来了许多路人。有些不认识的路人看到此时的场景也潸然泪下,我听到他们在底下议论说这个老太太人特别好,很善良,她家里的孩子也一个比一个孝顺,邻居们更是夸赞我的妈妈是个好儿媳妇,孝顺、细心。

奶奶去世以后,爸妈怕爷爷一个人孤独,就让爷爷搬来一起同住,也方便照顾爷爷。但老人家一辈子住惯了自己的小院,不愿搬来同住。妈妈便每天一日三餐掂着饭盒按时给爷爷送饭,日复一日,风雨无阻。爸妈常常对爷爷说:"你啥心也不用操,就想着吃好、穿好、玩好就行了,有一个好身体才是最重要的,这样就能多享几年福。有个好身体对我们做子女的来说才是最大的福气。"家有一老,如有一宝。每隔一段时间家里的孩子都会带着爷爷出去旅游、散心,爷爷每天都被快乐和幸福包围着。

爷爷十八岁加入中国共产党,在我们生产队当了一辈子的队长,为人厚道,有名的好脾气,是明事理的老好人。我们都会好好地孝敬爷爷,让他安度晚年。亲爱的奶奶,您在天上看到我们的大家庭其乐融融,和和睦睦,爷爷享受儿孙满堂承欢膝下的天伦之乐,一定在为我们高兴吧。奶奶,您的每个孩子的家里面最显眼的地方,都摆放着在您生命尽头留下的最珍贵的全家福,每当想起您的音容笑貌我们依然泪流满面,因为您给了我们太多太多的温暖和关爱。

孝敬长辈是我们人类各种美好品德中最为重要的品德,天下最不能等待的事情莫过于孝敬父母。父母的做法会影响孩子们的一生。好的家风才是家里真正的不动产,是留给孩子最宝贵的财富。"百善孝为先",这就是我的家风,这样的家风,值得传扬。

亲爱的奶奶,我们都很想念您,如您泉下有知,请到我的梦里来,我要亲自把这篇文章读给您听。

(作者单位系杞县人民医院)

良善家风惠久远

父亲的温暖

魏　靖

我家生活在民风淳朴的农村,邻里之间互帮互助,和睦相处,父亲也用实际行动平衡着这种和谐的关系,诠释着他朴素的人格。勤劳、朴实、善良、孝顺是父亲最真实的写照,凡事先为别人着想,多为他人送温暖是父亲坚守的人生信念。

父亲的修理技术在我们那个地方是一流的,我们家紧邻省道,为了方便邻里和增加家庭收入,父亲决定在公路边开一个修理部。自此以后,不管谁家的电器、农具、农用车等坏了,都是父亲帮忙修理,不换零件的小毛病,是不收费的。他说:"又没费啥,咱的力气没那么金贵。"遇到行动不便的老年人,父亲就上门修理,并且分文不收。他说,他们本来生活就不富裕,能帮的就帮点儿。乡亲们过意不去,会送来些鸡蛋、自家种的菜等,父亲也总是婉言谢绝,碰到执意要送的,父亲就记在心里,等下次他们再来修理东西的时候,不收费或少收费。有人忍不住问:"老魏,你这样免费给大家修理,还咋挣钱?"父亲乐呵呵地答道:"乡里乡亲的,帮帮忙,不能把啥都看成钱。"

由于父亲的修理技术过硬,服务又热情周到,来修理东西的人越来越多,特别是农忙季节,父亲每天都忙得顾不上吃饭,他说:"不图能挣多少钱,主要是乡亲们的农具、农用车坏了耽误干活。"白天这样忙还好说,最害怕的是晚上父亲被人叫起来修东

西。一天晚上,我们刚睡下,听到有人叫门,开门一看是邻居王叔,他说在地里浇地,机器坏了,想让父亲去看看。父亲二话没说,跟着王叔就下地了,直到夜里两点才回到家。母亲不免要埋怨两句,父亲却说:"别人那么晚了找我,一定是急着用,虽然少睡会儿觉,但心里是踏实的。"父亲用他朴实的行动把温暖送给了别人。

  我记得很清楚,1989年,我家添置了一件大电器——电视机,这也是我们村里的第一台电视机。每到晚上,我家就像放映电影一样,院子里聚满了人。父亲也总是让母亲早早烧上热水,他自己又用些下脚木材做成简易板凳,给乡亲们坐。此刻能坐下看会儿电视,这也许是他们在农忙后所期盼汲取的精神食粮吧。那个时候,农村经常停电,父亲就把发电机发动起来,发上电让大家开心地坐下看电视。过后母亲有时也不免数落父亲:"停电了不看就是了,浪费钱不说,还耽误休息。"父亲却说:"大家都没有电视,发电也用不了多少钱,聚在一起说说话多好啊!农忙时,我顾不上地里的活,为啥乡亲们都争着给咱干啊?咱送出去的是温暖,他们给咱的却是一片真心啊!"

  父亲是我们那个地方有名的大孝子,爷爷奶奶有四个孩子,父亲是老小,又是家中唯一的儿子,自然娇贵得很,父亲把这种"殊遇"记在心里,把"反哺之恩"体现在行动上。我三岁的时候,奶奶突发心脏病去世了,为了不让爷爷孤单,父亲母亲就把爷爷从老宅接到我们家住,儿孙承欢膝下的天伦之乐让爷爷渐渐忘记了丧亲之痛。父母敬重老人,上行下效,我们兄妹几个也被他的孝道影响了。每当吃饭时,饭菜端上桌,爷爷没过来吃,我们兄妹几个是绝对不会先动筷子的;晚上,母亲炒两个小菜,父亲陪着爷爷喝点酒,这样的日子我们过得很快乐。

我们兄妹四个渐渐长大,上学花费增多,在农村的收入已远远不能满足我们家庭的开销。1996年,父亲决定去城里打拼。正当父亲在城里的生意刚刚起步时,爷爷得了很严重的脑梗,尽管医院全力抢救,还是落下了后遗症。每天,不管生意有多忙,照顾好爷爷依然是父亲的头等大事。由于年事已高,爷爷接连犯了两次病之后,生活已基本不能自理了。每天起床后,父亲要先给爷爷换、擦洗,然后再喂爷爷吃饭。遇到有客户过来,他们都是等着父亲耐心地安顿好爷爷才谈生意。父亲的行为在同行中一直被传为美谈,偶尔遇到资金周转困难的时候,他们也从没催过账,他们说:"就冲老魏的人品,我们也相信他。"

几次犯病后,爷爷大脑萎缩,老年痴呆了,不认得自己的亲人了,我的几个姑姑他也不认得了,唯独认得他的儿子。父亲每天都很耐心地教他,和他说话,晚上像哄孩子一样哄他睡觉,爷爷睡后,父亲就和衣躺在爷爷旁边的小床上,守着爷爷。父亲要忙生意还要照顾爷爷,身体日渐消瘦,母亲提议让姑姑们来替替父亲。父亲说:"咱爹心里有我,他现在不认得其他人了,让我陪他吧。我已经没有娘了,不想让咱爹心里空落,也不想给自己留下遗憾!"爷爷躺床上三年,父亲日夜守候着他,直到去世,爷爷身上也没生褥疮。爷爷安详地闭上了眼,嘴角透着笑,脸上像沐着阳光,他带着儿子的温暖走了!

多年以来,父亲坚守的"替别人着想,多为他人送温暖"的人生信念,深深地影响了我们兄妹四个,大弟二弟成家不分家,仍和父母生活在一起,把生意做得红红火火,已经小有规模,妯娌之间和睦相处,情同手足,邻里关系融洽。每周我和妹妹都会给父母打个电话,周六周日抽出时间回家看看他们,陪他们说说话,听听他们的"唠叨",这何尝不是一种温暖、一种幸福;向他们讲讲自己的近况,谈谈工作,说说生活,让他们放心,又何尝不是一种孝道。

在父亲的影响下,我们兄妹四个读懂了父亲的爱是润物细无声的,是潜移默化的,他教会了我们在以后的人生路上应如何为人处事。父亲的爱就像一缕阳光照耀在我们身上,温暖在我们心里。

(作者单位系杞县人民医院)

母 爱 如 师

孟广廷

在人的一生中,受到的第一教诲应该是来自自己的父母,尤其是母亲。

常言说,父母是孩子的第一任老师。这不是什么夸张。古有孟母三迁,就说明母亲对孩子的影响巨大。具体来讲,父母的性格、为人处事,对孩子的成长、进步,有着不可替代的作用。我的母亲二十岁就加入了中国共产党,虽然文化水平低一些,但她那种爱憎分明、不怕困难、忍辱负重、积极向上的人生态度,直接影响了我,并帮助我确立了爱党、爱国、爱家的人生目标。

母亲二十世纪五十年代入党,六十年代担任大队妇联主任,七十年代后,因父亲在开封地委工作,孩子多,负担重,她就辞去了妇联主任的职务。之后的几十年里,她为我们这个家庭撑起了一片天。在我幼小的心灵中,这个时期,是我们家最困难的时期。那时候,家里生活条件困难到什么程度呢?在我十岁之前,除了在春节当天能吃上一顿白馍馍,几乎全年没吃过细面馍,更别说肉了。穿衣服都是大的先穿,穿过后改一改,让弟弟妹妹穿。吃饭是最痛苦的事。有一次,我实在不想吃红薯面窝窝头了,看着眼前的窝窝头,肚子里的酸水直往下流,那时正是长身体的时候,天天吃同样的馍菜,便委屈得哭了起来。母亲看着我,眼里满是心疼,她把我叫到一边,含着泪对我说:"现在你不

良善家风惠久远

管孬好还能填饱肚子,我和你一样大的时候,你姥姥、姥爷领着我和你大舅、大姨到处逃荒要饭,我受的苦、受的难,真不想再说了,花生皮碾碎也吃过,树叶树皮也都吃过,吃这些东西没营养,闹得浑身浮肿,也许是自己命大,才历尽艰难活了下来。"母亲这番话,到现在我还记忆犹新,人没有经过艰苦的年代,是不会有如此真切的体会的。从母亲身上,我学到了艰苦奋斗、勤俭节约的精神。

1978年,我家八口人,姊妹六个,当时生活的艰难,可想而知,可母亲从来没有在他人前诉说自己的苦处,倒是领着我们姊妹几个,乐哈哈地生活着,向前走着。1980年实行责任制后,我家没有牲口、农具,父亲又去巩义学习调整实行责任制的做法。母亲带着我们几个,不等不靠,硬是用已生锈的锹把要种麦子的责任田翻了一遍。她常给我们姊妹几个说:"我累点苦点,没啥,只要恁几个以后能享福就中了。"我那时已经懂些事了,看着母亲用那瘦弱的肩膀,担了许多的累,吃了许多的苦,才能够勉强撑起这个家。我暗下决心,一定要像母亲一样做一个有责任、敢担当的人。

母亲吃苦耐劳、乐观向上的性格,让全村人都很佩服。母亲从来不跟别人争高低,她乐于助人、热情善良,总是认为自己吃亏是福,作难没啥。有一次,生产队分红薯,村里的一个五保户叫住我母亲说:"抓阄那天,我跟你一个号。"我母亲二话没说,在分红薯的时候,把大块的红薯尽量挑给他。别人还不理解,还有些人说风凉话,母亲一声不吭,不急不躁地帮五保户把红薯装了起来,慢慢地,大家也都理解了母亲,还搭把手帮五保户把红薯运了回去。第二天,下了很大的雪,封住了门和路。邻居们都说,如果没有我母亲这样帮助他,真不知这五保户咋挨过这个冬天。前几天回老家,碰见我一个老嫂子,她还说:"你妈这辈子真不容易,在咱村里,她年轻时候吃的苦、受的罪比谁都多,可她也没给谁说过苦,不知道恁这一家子咋过来的,你们能过上现在的好日子,真不容易。"我听到这话,很是欣慰,但内心的痛是无法形容的。

母亲的性格深深地影响了我,不管遇到什么样的困难和挫折,我都是积极向上,无论在哪个岗位上,都尽心尽力去干,在纪检监察工作岗位上十七年时间里,我曾两次获得全市纪委监察局系统先进工作者称号。现在,母亲已经八十岁了,身体依然硬朗,这可能与她豁达的性格有关,但愿母亲永远健康快乐。

(作者单位系杞县住房和城乡建设局)

良善家风惠久远

成由勤俭败由奢

张会丽

唐代诗人李商隐在《咏史》一诗中写道:"历览前贤国与家,成由勤俭败由奢。"这句诗广为传唱,小时候我不太懂得其中的道理,长大以后回望来时之路,才发现我的家人已经为此做出了生动的诠释。

"人勤地生宝,人懒地长草。"奶奶生前经常念叨这句话,虽然她没有上过一天学读过一天书,讲的也只是普通的事情,但是她的话却饱含道理,经得住一再沉吟思索。印象中的奶奶从来

没有睡过懒觉,一刻也不愿闲着,每天从早忙到晚,没有喊过一声累,无论是做饭还是种地都要做到极致,以致村里人都戏称她为"铁老太太"。酷夏时节,中午过后,知了在树上嘶鸣,大家都在树荫下乘凉,奶奶却常常趁这一小会儿拿着镰刀去打猪草。半个小时过后,她准时出现在村口,瘦小的身躯背着满满一袋子青草,虽然衣服早已湿透,但是脸上却总是挂着收获的微笑,在左邻右舍的表扬与肯定声里,利索地走向猪圈……虽然她离开我们已将近十年,但每每我工作想偷懒的时候,眼前就会浮现她劳作的身影,奶奶的话语就会回响在耳边,砥砺我奋勇前行。

正是奶奶的言传身教,上了中学的父亲(于一个弟妹较多的穷困家庭而言,几乎已是全才了),除了学习勤奋外,种地、抹墙、做饭,样样活都拿得起,干得很是在行。过去春节不像现在,物质生活没有这么富裕,怎么展现新年的新气象呢?几乎每一年春节前,父亲都要将破家里里外外粉刷一遍。今年墙上刷这一种图案,明年一定换一种图案,年年不重样,惹得邻居们羡慕不已。冬天粉刷屋子别提有多麻烦,再怎么注意,也还是会滴得到处都是粉浆点子。父亲从来都会细细地擦掉,把一切打扫得干干净净,让一切焕然一新,让大家对幸福与希望有了更为深切的感受和追求。

"一粥一饭,当思来之不易;半丝半缕,恒念物力维艰。"《朱子家训》中的这句话告诫人们要养成勤俭节约的美德,而且要从日常生活、穿衣做饭做起,切莫铺张浪费。虽说我们家没有这么明确的书面规定,但是有些规矩我一直到现在还铭记于心,比如吃饭的时候不许漏饭粒,碗里一定要吃干净等等。我初中之后开始住校,一两个星期回家一次,每次到家,奶奶总能像变戏法的一样，打开她的百宝箱——一个普通的木箱子，从里边拿出一些好吃的，犒劳我一下。记得有一次中秋节过后，我回到家，奶奶很高兴，小心翼翼地拿出一盒她没舍得吃的点心让我吃。可奶奶打开盒子，才发现那些点心长出了一寸多长的绿毛。奶奶用手巾蘸了清水，擦那些点心，擦干净一块就放到我嘴里。吃到第二块，我就不再吃了，我不敢对奶奶说点心是苦的，只是说我不饿。奶奶就不再往我嘴里放点心了，可她还蹲在那儿一块一块地擦，直到把那盒点心全擦出来，放到一边，才去给我们做饭。后来听父亲说，奶奶最终也没有舍得把点心扔掉，自己一个人偷偷把剩下的几块吃掉了。吃点心的时候，有东西从她眼睛里流出来，她对父亲说是沙子迷了眼睛。

勤俭的家风让我家在最困难的时候也其乐融融，除了生活条件上的明显改善，更重要的是给孩子们带来了不可估量的精神财富。耳濡目染，我们兄妹几个从小到大一直牢记父母的教诲，在学校勤奋学习，不曾和其他同学比吃穿用度，每学期都能取得优异的成绩，获得老师的好评；放假之后帮父母认真种地，不曾懈怠偷懒，受到邻居的夸奖。天道酬勤，我们先后踏入了理想的学府，收获了属于自己的事业。同村人的羡慕和同辈人的敬佩并没有让我们觉得自己与别人有什么不同，因为我们知道这一切都是与祖辈、父辈的言行教导分不开的。勤，让我们事业有成；俭，让我们家基稳固。

时光荏苒，岁月如梭。转眼间父母已白发苍苍，为了方便照顾，他们也随我们搬进了县城，但是有很多习惯他们依然难以改变，比如说碗里的饭从不浪费掉；随手关灯，节约用电；穿了好长时间的过时衣服也不舍得扔；更让人目瞪口呆的是对土地抱有极大的热情，千方百计地想要在巴掌大的土地上开垦更小的荒地……

无论在过去艰难困苦的逆境之中，还是在当下条件优越的顺利之时，勤俭持家都是我家的法宝。这种做法，不是故意设计与布置的结果，它已渗透到平日的言行里，融入寻常日子的交替中。它也许是奶奶某一句朴素的话语，也许是父亲某一个细节动作，但我知道，它一定是我们后辈们内心的认可与追求，在光阴和岁月的流逝中渐渐沉淀，愈加醇厚……

（作者单位系河南省杞县高中）

良善家风惠久远

做人还是实在些

时广建

二十世纪七十年代初,我出生在豫东一个当时被称作"一头沉"的家庭。当时父亲在县城工作,母亲领着我们兄妹在农村老家生活。"做人还是实在些"是父母常挂在嘴边的一句话,两位老人是这样说的,也是这样做的,其一言一行,也深深影响了我的工作和生活。后来,我就将"实实在在做人,本本分分做事"作为座右铭和家风家训,一直传承下来。

母亲年轻时在县纺纱厂工作,当时遇到厂里减员,为照顾家庭条件差的工人,她没和父亲商量就主动报了名返回农村,工友们都替她感到惋惜:"你咋恁实在哩,让你爱人和厂领导打个招呼,领导说啥也不会让你走啊。""俺家里好歹有地种,回去饿不着就行了。"就这样,母亲放弃了在城里工作生活的机会,回到了乡下。如今老太太已年过古稀,提及这事儿,老人家很是坦然,没有丝毫后悔。她总是说自己是庄稼命,没在城里生活的福气。

二十个世纪六十年代,我的父亲便进入公安机关工作。听父亲说他高中还没毕业,因为文章和字写得好,就从学校被抽到公安局工作。后来,从公安局到组织部门再到县法院,从一般同志到办公室主任,一直干到退休。因为常年伏案从事文字工作,父亲早早就患上了高血压等病症,腰疼得厉害。但父亲是个工作严谨的人,他写的材料和文章总是几经雕琢,直至自己满意为止。那时电脑还未普及,父亲的底稿总是改了又改,字里行间无不浸透着他爬格子的心血和汗水。父亲一生淡泊名利,实在做人。他在任办公室主任的时候,作为党组成员,先后和四位院长共事。退居二线以后,单位成立了行政科,院党组又让他担任科长,继续负责后勤工作,其他人不理解,院长却说:"老时为人本分,干活实在。"

我家兄妹五人,经济条件较差,因此父亲一直没在县城安家。二十世纪九十年代初期,因家在农村,他唯恐耽误了手头上的工作便很少回家,领导说要给他配一个传呼机,被他婉言谢绝:"买它干啥,一部需要几千块钱,单位里经费紧张,还是把钱用到更需要的地方吧。""爸,配个传呼机好处大啊,咱家又没电话,院里有啥急事,通知你方便。"当时我知道消息后,劝父亲说。"咱家在农村不假,但离县城也就四五里路,再说我平时很少回家,用不着。""爸,你用不着,要不……要不配个让我带,我离单位挺远哩。"我一脸乞求看着父亲。"院里真给我配了,就是便于我工作的,联系我方便,给你用,算啥。"平日一向古板的父亲急

了起来,当时我一生气摔门而去。

后来,我用自己挣的钱买了一台当时流行的"小精英"汉显传呼机,而父亲,直至退休,也没用上传呼机和后来的手机。随着时间的推移,我也慢慢理解了父亲当年的良苦用心,每每想起那场传呼机风波,我对不贪不占的父亲总是多了几许敬重和钦佩。

父亲的坚持原则是出了名的,听我的表叔说,有一次父亲单位的车因为没油"搁"在了路边,因离表叔家较近,他让表叔用塑料壶灌了10升油过来,跑前跑后的表叔因家中有辆摩托车,后来想向父亲多要一张油票,不想被父亲婉言拒绝。"你爸当时管着单位的油票,就是太实在了。"十多年后,我去表叔走亲戚时,表叔也是这样评价我的父亲。

五年前,父亲急发心梗去世,我曾想把那台传呼机让他带走,留个念想,但思虑再三没有那样做,怕打扰父亲,最重要的是,每当看到它,就有一种无形的力量在激励着我,让我在人生的道路上不忘初心,砥砺前行。

在近三十年的工作生涯中,无论是任老师、乡镇干部还是民警,受父母亲家风家训的影响,我变换的是工作岗位,不变的是工作热情。一次,在回家的路上,我突然感到头痛得厉害,回家一量体温竟达到 39 度,但吃上两片退烧药后,我又匆匆返回到了工作岗位上。因为工作没有规律,平时单位人少活多,两个孩子在县城读中小学时,我很少接送,更别说参加家长会了。我清楚地记得那天晚上,女儿睡梦中还在嚷嚷:"爸爸,明天你去学校接我。"看着睡梦中的女儿,回想起自己的工作经历,我不禁潸然泪下。

现在,因为长时间在电脑前工作,我患上了颈椎病和高血压,但为了挚爱的公安事业,从没向组织上提过任何条件,没喊过一声苦、叫过一声累,一直在宣传岗位上奉献着自己的青春和汗水。有付出就有收获,局党委没有忘记我这个幕后工作者,在五个县区中,我率先解决了副科级职级待遇,还破例荣立了两次个人三等功。

做老实人,说老实话,干老实事,是一个人的修身之本,其中真正的内涵就是"实在",这两个字说起来容易做起来难,但一个人要想在工作岗位上立足,有了这两个字做支撑,就一定会驶向成功的彼岸。

工作如此,生活亦然。

(作者单位系杞县公安局)

良善家风惠久远

一怀浩然,一生快哉

蒲海霞

我感谢我的父亲。他一直秉持的原则,他朴实厚道的品格,他高尚无私的境界,他从不动摇的人生追求,这一切都深深影响着我,让我有了今天为人处事的原则和态度。

生产队长的身先士卒

父亲高中毕业,思想激进,曾经以红卫兵小将的巨大热情到大城市串联,去了上海,一心报国。他高中还没毕业,就在农村的大好天地锻炼自己,以至于用力过度而小腿血管疙疙瘩瘩,纵横交错,让我们几个孩子每次见到都唏嘘不已。

父亲二十二岁那年,由于劳动出色当上了生产队长。上级每次下达任务,他都积极组织指挥并亲力亲为;大家也都愿意跟他干,因为他从不偷懒,绝不会趾高气扬指手画脚地光指挥。挖河、打井、割麦、拉土样样活计他都走在前头,小褂一抡,朝手心唾口唾沫,像一阵旋风一样,动作麻利,力大无穷。

每次完成任务他都无比兴奋,好像取得了巨大的成就。而他每次也确实凭借工作干得又好又快得到表扬。母亲每次都埋怨他说:"就你逞能,累出病了还不是自己担着。"父亲却说:"国家和集体的事一定要彻底干好,这样我心里舒坦。"这些场景我有时亲眼见到,有时听旁人谈论,提起父亲,那真是大家的榜样,我们孩子的骄傲。我觉得父亲就是个英雄。父亲最大的愿望是当兵保家卫国,可惜最终因双腿静脉曲张未能如愿。

一家之长的长远目光

我姊妹兄弟五人,三男二女。在父亲眼中五个孩子都是他的宝贝,从不重男轻女,甚至对女儿更为宽厚些。

在我的印象中,母亲一直是特别急躁严厉的,对小时候的我尤其如此,稍有小错便非打即骂。父亲却总在劳动之余,晨光熹微的早晨或灯火闪烁的夜晚,教我们唱红歌,学古诗,偶尔还带我们去电影院。"大海航行靠舵手,万物生长靠太阳,干革命靠的是毛泽东思想","太阳光金亮亮,公鸡唱三唱,幸福的生活哪里来,要靠劳动来创造"……不知不觉间耳濡目染,我们也觉得国家和集体的利益是神圣的,应该无条件维护。

父亲还教我们背诵《岳阳楼记》,"居庙堂之高则忧其民,处江湖之远则忧其君""先天下之忧而忧,后天下之乐而乐",以此培养我们的家国情怀。也教我们背诵白居易的《观刈麦》:"田家少闲月,五月人倍忙。一夜南风起,小麦覆陇黄……今我何功德,曾不事农桑。吏禄三百石,岁晏有余粮。念此私自愧,尽日不能忘。"当时我们虽不能全部弄懂诗歌的内涵,但懵懂之中也理解了农家的艰辛和白居易对农民的同情。

跟着父亲看电影是我们最快乐的时光,《贺龙将军》《地雷战》《地道战》《南昌起义》《敌后武工队》等,荡气回肠的英雄气让年幼的我们热血沸腾,摩拳擦掌。后来我常常偷偷地跟着大人挤进电影院看免费的电影《白蛇传》《孔雀公主》《月亮湾的笑声》等,很多电影又让我在正义之外感受到了什么是真、什么是善、什么是美，知道了自己应该如何选择，尤其是《孔雀公主》，我为孔雀公主的命运悲伤，为她的坚强勇敢暗暗叫好，为她的善良美丽而赞叹不已。这部影片我看了三遍，印象尤为深刻。

我们在父亲的呵护和熏陶下慢慢长大，接二连三都可以干农活和家务了，邻居家同样大的孩子接连不断地辍学，接替父母挑起家庭重担。我的父母双鬓也都有了白发，多年繁重的农活让他们青春早逝，容颜沧桑。可父亲却坚持让我们上学，理由很简单："咱的孩子不笨不傻，好好学习能考上大学，就能为国家做贡献，自己也有了好的前程，多好啊。"周围邻居就议论，那么大个子不让干活，上学就能考上大学了，大学是咱农村孩儿上的？瞎浪费傻不傻呀！父亲因此得了个"傻子"的绰号。母亲动摇了，想让一两个辍学，父亲坚决不让，说邻居目光短浅，心胸太小。

如今我们五个孩子都学有所成，在各自岗位上尽职尽责地工作，我们都深深地感谢父亲当初的决定，也努力更好地发展自己，回报社会。

淳朴无私的高尚境界

其实我不是在为父亲无端地唱赞歌，别人如此，我也会不吝言辞歌颂的。因为熟悉，所以感受真切。我们小时候，母亲见邻居都批发苹果、葡萄去集市卖，也想赚点钱贴补家用。父亲起初死活不肯，母亲说哪怕赚一点水果给孩子吃也行啊。父亲这才答应了。可是几次去集市，见到年纪大的、衣着寒酸的、身体弱的、精神差的他都多给人家，有的甚至不要钱，以至于回回赔钱，母亲气得掉眼泪。还有件事，有一年天寒地冻，前街的一个叔叔急匆匆跑来说他二儿子掉井里了,父亲听了二话不说直奔前街。后来听母亲说,父亲脱了棉袄让人用绳子吊着跳进刺骨的井水里,把男孩捞了上来。但男孩已经没有了呼吸。一家人呼天抢地号啕大哭,谁也顾不上瑟瑟发抖的父亲,他一句话也没说,默默地离开了现场。回来喝了白酒和几碗红糖水还是发了高烧,他还让母亲拿着鸡蛋去看望安慰那家孩子的父母。母亲心疼地嗔怪道:"前街那么多人都不去,就你水性好充英雄,谁不怕冻出病来下半辈子受罪。"父亲只是说:"我不能见死不救。"就再也不说什么了。当时我们都觉得父亲很伟大,心里一股气油然而生,后来我明白那气就是浩然正气。苏轼有诗云:"一点浩然气,千里快哉风。"我最喜欢这句诗表现的飒爽和豪情。我觉得自己的男儿气概就是父亲传递给我的。

坚守心中的底线

随着经济的快速发展与转型,农村的种植种类、方法和运作模式发生了很大的变化,老百姓腰包鼓了,可是拜金主义抬头了。很多人被金钱迷住了魂窍,只要能赚钱不择手段,于是各种不达标的农药、添加剂、肥料被大量使用,收入翻番地增长。父亲却仍然保守使用农家肥,不用添加剂,不用塑料薄膜,不用高效但高残留的农药,嗑花生不洒水。结果我家的庄稼总是比不上别人家的产量高,卖花生时烂瓣多。我曾经建议父亲嗑花生稍微洒些水可以避免花生仁烂开,卖相好,父亲严词厉色地说:"不能瞎糊弄,得替别人考虑,天热时花生发霉人家不损失了吗?"我非常惭愧,不再跟他争。我们县北是沙地,保水性不好,容易干旱,父亲就在农闲时深翻土地,一筐一筐往外掏,每一寸都挖到三米深,有一次塌方了,差点把他砸埋进深坑里。父亲翻地的事迹还上了杞县电视台呢!母亲说他更傻了。我当时虽觉得他做得对但是也有点过分了,但今天重新思考,我确认父亲做的是一件绝对正确的事。他坚守住自己善良高尚的底线,谁也别想突破,哪怕是最亲最近的人。我为父亲点赞!

说说我们

父亲就是这样以他简短的语言和果断的行动影响着他的儿女。他不够沉稳,不够精细,然而淳朴高尚。我们兄妹个个平凡但勤奋朴实,我倍感幸福。我们五个孩子中四个上了大学,只有大弟因为家里实在供应不起而主动提出参军,去了北京武警部队做特警。五年后士官转业,他又自考了河南大学本科文凭,去了私立学校教书。他认真踏实,敬业肯干,年年担任班主任,受到学校领导的赞赏和学生的爱戴。他曾经写过一篇《父爱如山》的散文,发表在当年的《杞县日报》上,很多人读了深受感动。我们家有六个教师,其中四个大学教师,两个中学教师。父亲很高兴,觉得这些孩子给国家做了贡献,他很满足。我们每次回老家看他,他总是一再催促我们回去,说工作最重要,他很好,不必担心,不要回来这么勤,千万把工作干好。

我的父亲,一个老实巴交、倔劲十足的农民,一个与人为善、乐意吃亏的长者。一怀浩然,一生快哉;人生如此,夫复何求!

(作者单位系河南省杞县高中)

好好读书,凡事靠自己

彭亚杰

我们家是最普通的农村家庭,祖祖辈辈都是农民,父母也不会讲深刻的大道理,他们给儿女们讲得最多的教诲不过是:好好读书,凡事要靠自己!

父亲篇

父亲是木匠,农忙时种田,闲时就帮邻居们打家具。他总是待在屋子里默默工作,一年到头也不说几句话,久而久之也没人愿意听他说话,他对什么都不反驳,仿佛人人对他都十分良善。

对父亲最深的印象就是他的脊梁,他手里总是拿着刨子,低俯着身子刨木头,脊梁上的衣物常常湿了大半。我有时看着他劳作的背影很心疼,很想给他递杯水,陪他聊聊天,但父亲永远只有一句话:"你别吵,读书去!"

我便很委屈,就那几本破书,读什么读?

小升初时,班里的大半学生都不读了,我又读了两年初中后,村里的同学一个都没有了,只有我孤零零地骑着破自行车穿过熟悉的道路,却彷徨我的道路在哪里。

偶然听见父亲对母亲说:"在工地做木匠,冬天站在楼顶风口里,全身都冻僵了,好几次都很危险,以后一定要让孩子好好读书,不要吃这样的苦。"

接着我被送到县城读书,压力很大。以前在村里,很容易就考到不错的成绩,但在县城里,情况却不那么好了。想起父亲的脊梁,想起父亲那寥寥的话语,我愿意鼓足勇气,不断努力读下去。

母亲篇

母亲是一个普通的家庭妇女,庄稼种得很好。从记事起,我就经常被母亲赶到田里锄草、逮虫子,略长大些,便跟母亲一起在田里干活了。母亲很酷,她从不要求我学习,她总是提醒我放学要记得喂猪,喂完猪要记得赶快写作业,这样才能腾出时间,晚上跟她一起看电视。我想她从未忽视过我的学业,她总是用自己的行动潜移默化地影响着我。

小学二年级时,我连字都还认不了几个,她就买了《庞中华字帖》《唐诗三百首》《十万个为什么》《小学生作文大全》给我。虽然她从未让我练过字、读过诗,但我确实好像比别的孩子字写得好些,诗词理解得深刻些。

我看的第一本小说,也是母亲给我的,是一本缩减版的《简·爱》。这本书间接塑造了我的部分人生观,使我敢于追求自由、尊严,敢于反抗世俗与偏见。

母亲也逼我读过书。我说话晚,还有点口吃,讲话的速度总是跟不上脑子的速度,母亲有时会骂我,有时也会跟我一起想办法。她买了很多带拼音的寓言、童话故事书,让我读给妹妹听,如果妹妹听不懂,就让我尽量给她解释。等我上中学时,已经很少有人发现我其实有点口吃了,而且因为我能讲比较流畅、标准的普通话,还代表学校参加过演讲比赛。现在偶尔还是会口吃,但我不再觉得口吃是我的缺陷,而是主观地认为口吃成了我展现个人魅力的另一种形式。

姐姐篇

姐姐在一家国企做管理工作,她既吃苦耐劳,又聪敏睿智,总是能一眼看透事物的本质,事半功倍地完成工作。

姐姐时常出差,但无论去哪里,她都会带上一本书。刚工作时,她读很多管理类书籍;快生孩子时,她又读了很多育婴类书籍;现在她竟然开始每天带着单词本,学起英语来了。

我很好奇,问她:"你英语又差,又不出国,工作也用不着,你背什么单词?"

姐姐说她打算考研究生,正因为工作多年,英语基础又差,所以要早点准备。她说她已经想好了,一年考不上,她可以考两年、三年,十年都行。她现在有了孩子,她要让孩子以她为傲,如果她读了名牌大学的研究生,她的孩子好意思不读吗?

时至今日,家里的几个孩子虽然都不算聪明,但也都读了过得去的大学。我也依旧蠢笨,偶尔还是会觉得人生艰辛,但在空闲的时候读本好书已经成了生活中的一部分。

每年春节时,家人互赠礼物,有人抱怨衣物不合身,有人抱怨蛋糕太甜腻,却没有人抱怨自己收到的书不好看。一本好书总会让大家忽然之间有了共鸣,变得亲密起来。

现在父亲不再呵斥我"读书去",母亲也不再忧心我会口吃。昨天还听到他们商量要存一笔钱,用来供妹妹去读研。姐姐在照顾外甥时,偶尔还是会背一两个单词。我不知道家人的梦想会不会实现,但我知道,我们都在以不同的方式践行着"读书去"。

(作者单位系杞县畜牧局)

良善家风惠久远

"好好学""好好干""好好的"

曹利娜

我生长在一个普普通通的农村家庭,记忆中,父母亲说得最多的是"好好学""好好干""好好的"。

"好好学"

父亲母亲是我的第一任老师。记得第一次认数字,父亲用手指在沙地上写下"12345……"一个一个教我认识、读写。学会一个,得到父亲的夸奖,便觉得自己很了不起,很有成就感。

在父亲的启蒙下,我对读书认字有了极大的兴趣,很小就央求母亲送我去学前班,"那个时候你还不到五岁,"母亲说,"老师说让下一年再来读书,回到家你就哭闹不止,嚷嚷着要上学。"母亲只好拿着自家小板凳,再次领着我去了学前班,我的读书生涯从此开始了。

父亲总说:"好好学,家里的事情不用你管。"读书写字的时候,父亲要求我要"把腰杆挺直了,坐端正";有写错的字、做错的题,父亲要求我在作业本上写下"更正",抄写好题目后,再把正确的答案写上。因为我知错就改的作业习惯,被老师当作大家的榜样;长大后的我,总在无意间被人说"脊背挺得真直",殊不知,这一切都是父亲的功劳。

与父亲不同,目不识丁的母亲教我的更多的是洗衣、做饭、

"好好学""好好干""好好的"

缝衣扣……这些生活技能,以及见人要问好、好东西要与人分享、做弟弟妹妹的榜样……这些与人相处之道。母亲说:"好好学,下劲儿才能学(到)好(东西)。"无奈我手笨,那些生活技能无一精通,好在小时候见谁都记得打招呼,邻居们总夸我"嘴巴真甜"。

记得有一次我放学回家,路过邻居家门口没有和邻居打招呼,回到家里便被母亲狠狠教育:"小时候还会跟人问好呢,越大反而倒回去了!"那时心里不服气,想着不就一次没有打招呼,至于吗,嘴上却不敢反驳,现在知道了,那是母亲在教我与人相处的基本礼节。

"好好干"

毕业工作以后,父亲母亲说得最多的便是"好好干"。

曾经工作换了一份又一份,母亲便说:"还想工作轻松,还想挣钱多,哪有这好事?你不干够那么多,人家凭什么开给你那么多工资?"一份耕耘一份收获,付出才有回报。

"好好干,当事儿干!"孕期因为身体不适,请假后我就回家找母亲。父亲见了,便说:"国家给你开工资,是让你好好干的,不要总请假!"现在,孩子感冒发烧拉肚子之类的,看了医生,吃药打针后,我就会赶去上班,尽量不耽误工作,有落下的工作,也加班赶上来。

记得刚上班的前两天,由于在县城没有住的地方,我每天早上坐公交车到县城,再转车到单位上班;下班时先坐车到车站,再坐公交车回家。当时是夏季,为了赶上回家的最后一班公交车,领导特殊情况特殊对待,允许我提前下班。父亲知道后,同母亲一起为我买了一辆崭新的电动自行车,要我每天骑行上下班,"好好干,一定要遵守纪律",父亲学问不多,却总这样说。

"好好的"

如今,作为子女的我们都已经有了各自的小家,"好好的"是父亲母亲对我们最大的期盼。面对人生中角色的转变,也曾惶惶不安。

结婚时,母亲说:"结婚后就是大人了,做事不能光顾自己……"新的家庭成员的饮食习惯、做事习惯与之前有所不同,导致我婚后很长一段时间不习惯新的家庭生活,常常跑去父亲母亲那里吃住。母亲说:"俩好才能搁一好,万事商量着来,只要你们都好好的。"

初为人母,看着一个小生命手舞足蹈,我茫然失措,他哭我也哭,母亲便说:"不会,慢慢学,好好的。"我学着抱宝宝、喂他、换尿布……我学着做一个母亲。

如今我已是两个孩子的妈妈,母亲还是不放心,常常提醒我:"夏天到了,记得把冬天的棉衣棉被拿出来晾晒……"我在节假日的时候常带孩子们回去看父亲母亲,父亲母亲看到我们都"好好的",也就放心了。

父亲母亲用他们朴实的语言、行动,教会我做人做事。父亲母亲不求我们做子女的做多大官、挣多少钱,只愿子女平平安安、健康快乐。

作为子女,我努力让自己变得更好,身教重于言传,做自己孩子的榜样,把满满的正能量传递下去。自己过得好,父母才会开心,这何尝不是另一种"孝"!

(作者单位系杞县畜牧局)

爷爷的稿纸

徐泽涛

爷爷突发心肌梗死,走了。书桌上整齐地摆放着几页稿纸,上面写满了下次召开家庭会议的内容。看着爷爷苍劲有力的字迹,我泪眼婆娑,思绪纷飞……

小学四年级的时候,爸爸在城关税务所工作,把我从农村带到了县城。爷爷当时已经退休,税务局因为要编写《税务志》,就把文字功底较好的爷爷请来继续工作。一个周日上午,我兴冲冲地到税务局找爷爷玩耍。刚到大门口,恰巧碰见外出的爷爷回来。"爷爷,干什么去啦?"我快步来到爷爷身边,高声叫道。"买稿纸,写信。走,上楼。"爷爷看到我,显得非常高兴。

来到爷爷办公室,我一眼看见桌子上摆放的几本稿纸,高声惊呼:"爷爷,你眼花了吧,明明还有那么多稿纸,怎么还出去买呀?"爷爷笑着把刚买的稿纸递给我说:"去,看看和桌子上的稿纸哪里不一样?"我接过稿纸来到办公桌旁,对比了好大一会儿,说:"一个上面写的是'杞县税务局稿纸',一个只有'稿纸'两个字。""你知道这两种稿纸的区别吗?"爷爷盯着我问道。我挠着头皮摇了摇头。"我买的这种稿纸,就是我的东西,我可以给朋友和家人写信,也可以送给你。但是,上面有单位名称的稿纸,都是公家的东西,除了办公家的事用它,别的任何事都不可以用。一定要记住,这叫公私分明。"看着爷爷那张严肃的脸,我诚

稿　　纸

关于继续开展书法学习活动的七条纪律

书法学习班各班、组：

为继续开展书法学习活动，提高学生的思想道德素质，使我校青少年达到品学兼优、健康成长。经研究并经校党支部和学校领导同意，制订了七条纪律作为继续参加学习书法的重要保证。因此，这七条纪律，凡经新参加学习书法者表示保证执行外，还要逐户征求其家长意见，以便在学习中认真执行，取得应有的学习效果。

七条纪律如下：

1. 保证听从指挥，准时到会，静心听讲。
2. 保证背熟"学书口诀"和五行顺口溜。
3. 保证不影响上学，尽量完成学校布置的各项任务，业余学习书法。并且书法越好，把学校布置的各项任务完成得更好。社会青少年更应利用大好机会学习书法，争取跳过在校学生。
4. 保证每星期天发展壮大一片队伍，固成省级先结幸人。
5. 保证犯错误反报，也能接受批评，改正错误。
6. 保证学习认真，不断进步，并有勇气写字。
7. 保证只做好事，不干坏事。

任象弓老龙书法学习班　郭行
1993. 9. 5.

爷爷的稿纸

惶诚恐地点了点头,虽然没有完全理解这些话的含义。

后来,我跟随爸爸直至初中毕业。这期间,爸爸的办公桌上也经常摆着稿纸,哪怕是缺少了验算纸,我也不敢动用一张,因为我知道那是公家的东西。参加工作以后,见的人多了,经的事也多了,才知道"公私分明"四个字的分量有多重,不占公家一张稿纸便宜的爷爷有多纯粹。

每年春节前一个星期左右,爷爷都要召开一次家庭会议,会议的内容我已记不起多少,只清楚地记得每到这个时候,我们几个孩子才能得到爷爷发给的十几张稿纸。接下来的几天是爷爷最忙的时候,全村百分之九十左右的春联,都由爷爷这个当地的书法家书写,完全义务劳动。我们几个除了帮爷爷割纸以外,另一项宏大的工程就是要把爷爷写好的春联抄写在稿纸上。等春联书写完毕,我们也抄写结束,再举行一场有意思的读春联比赛。

　　一年又一年,我们越来越大,爷爷也越来越老。一次家庭会议上,爷爷郑重宣布:"我准备利用周末和学生寒暑假的时间,义务在咱们村里的学校办一个书法培训班,培训对象以小学生为主。"我小妹妹噘着嘴说:"我们几个你都没有教过,为什么要义务教别人?""教了别人,其实是帮了我自己的忙。你们想想,一年以后,这些学生都能写了,我写春联的任务不就小了吗?"爷爷笑着说。我说:"爷爷,你用的这招叫围魏救赵。""我这叫发挥余热,也叫老有所为吧。"爷爷若有所思地回答我。没过几天,爷爷就在稿纸上写好了厚厚的一本教案。每到周末,本该清净的校园却变成了另一番风情,古稀之年的爷爷富有磁性的讲课声和着淡淡的墨香沁人心脾,仿佛时光倒转,回到了私塾时代,只是爷爷不收取任何费用,不掺杂任何功利,仅希望自己的这一爱好能惠及旁人罢了。

　　刚上小学的儿子兴奋地跑到我身旁叫道:"爸爸,稿纸,能给我折飞机吗?"我揉了揉湿润的眼睛,定了定神,接过这本稿纸,发现这是爷爷的账本,就对儿子说:"这可不行,你老爷爷的很多故事都在里面记着呢,以后我慢慢讲给你听。"儿子又去找别的自己喜欢的东西去了,我手捧账本慢慢地看了起来。债主都是爷爷,负债人的名字一张又一张,大多是我们村里的贫困户,也有家庭出现变故的,有穷亲戚,也有外村我不认识的。从八十年代一家十块二十块,到九十年代每户三十块五十块,再到近几年一百块。名字有变化,金额却越来越大。怪不得爷爷在家庭会议上经常说,自己虽然工资不低,但用处太多,希望家里人谁也别打他工资的主意。

最近几年,爷爷从老家搬到了县城,本以为他的生活水平会大幅提升,可每次到他家里吃饭,还是便宜的青菜、蒜汁、辣椒油。给他带去的排骨、牛肉,他分明吃得非常香甜。一次午饭的时候去爷爷家里,正巧碰上我们当地的流浪诗人王耀军。吃过午饭,说了一会儿话,王耀军要走的时候,爷爷又给了他一百块钱。我有点不解地问:"王耀军天南海北的跑,过得也不错吧?"爷爷叹了一口气说:"这也是个苦命的人,精神也不太正常,每次来我这儿,我都帮他一点儿。""您肯定是菩萨转世。"这话玩笑中带着醋味儿。爷爷笑笑没说什么。

收拾爷爷的书法作品时,其中有一幅写着"积善之家必有余庆",爷爷并没有挂在墙上,却把它压在了箱子的最底层。我猛然想起,爷爷临终前准备召开家庭会议的题目正是这句话——积善之家必有余庆。我呢喃着,看着爷爷用一生践行的格言,禁不住泪如泉涌……

(作者单位系杞县县委党校)

良善家风惠久远

家有至宝——勤、俭、孝

李　彬

文物古董有形，家风传承无质，它看不见，摸不着，却渗入到家族每一个后代的血液中，成为家族成员之间的精神纽带，甚至成为他们的性格乃至命运的一部分。

我的祖辈父辈虽未给我留下万贯家财，但却为我留下了最宝贵的精神财富。一个家庭的家风，才是最贵的家庭不动产。每一个幸福家庭肯定都有自己的家风和家训，我家的家风和家训可以概括为"俭、勤、孝"三个字，虽然简单普通，却让我受益终生。

说到"俭"就不能不说到我爷爷,正是爷爷的言传身教,使我认识到节俭是一种美德。爷爷是个老革命,1949年前就入了党。他不但对工作认真,对待家里更"严"。从我记事起,爷爷就把"勤俭、节约、不浪费"作为口头禅,掉到饭桌上的一粒米,爷爷都会捡起来吃掉。在他的影响下,我们家也一直是这样做的,不浪费一粒粮食一滴水。我记得上小学五年级的冬天,我跟爷爷一起住,没关灯就睡着了,半夜起来上厕所又忘了关灯,第二天听奶奶说爷爷披着棉袄半夜起来给我关了两次灯,一夜都没休息好。事后我很愧疚,从此我养成了随手关灯的习惯。现在我又拿"勤俭、节约、不浪费"的美德来教育自己的孩子。

父亲给我最大的印象是勤劳和孝顺,他每天早上五点钟起床,开始忙碌的一天,几十年如一日从不懈怠。父亲最深恶痛绝的就是懒惰,我因为早上睡懒觉,没少挨批评。为此他专门送我"天道酬勤"四个大字。他告诉我每个人最大的敌人就是自己,自己最大的敌人就是惰性,战胜懒惰才是成功的开始。父亲所言,我至今不敢忘记,在办公室也悬挂了"天道酬勤"四个大字,时刻警醒自己戒骄戒躁、勤俭奋进。

儿时的一件事我至今记忆犹新,就是父亲带领我们一大家人盖房子的情形。现在说起来盖房子都是包工甚至包工包料,觉得很轻松,当时我们家还有二叔家的房子都是父亲带着叔叔们自己动手盖起来的,砖跟瓦都是自己烧出来的,从挖土到和泥、扣砖坯、烧砖窑,到砌墙、封顶,都是靠勤劳的双手战胜种种困难一点一点干出来的。

父亲还是远近闻名的孝子,听奶奶说父亲小时候捡到两个杏,自己不舍得吃,装到口袋里拿回家让爷爷奶奶吃。还记得爷爷最后的一年时光,因卧病在床,不能活动,吃喝拉撒全在床上。俗话说久病床前无孝子,可是父亲却用无微不至的关心起到了长兄的带头作用。父亲每天变着花样给爷爷做饭,一勺一勺地喂爷爷吃,还每天给爷爷擦洗身子,夜里在爷爷床边打地铺睡。在父亲和叔叔姑姑们精心照料下,爷爷最后的时光是幸福和安详的,爷爷去世后父亲和叔叔们怕奶奶寂寞,轮流陪着奶奶聊天,给她做饭,夜里守在身边,等奶奶睡着后才敢入睡。

如今社会上讲艰苦奋斗的少了,讲物质享受的多了;比干劲儿、比贡献的少了,比安逸、比舒适的多了;孝敬父母的少了,啃老族多了,甚至有人为了一己私欲,走上了违规违纪顶风作案的歧途,而良好的家风无疑给人生的德行操守系上"第一个安全带"。

家风就是从小播撒在人心中的种子,是一种无言的教育、无声的力量,能够影响人的一生。家无斗金,却有至宝,祖辈的精神传承、父母的言传身教,是留给我的最大财富、最宝贵的不动产。

(作者单位系杞县水利局)

爷爷的木工箱

刘继昌

爷爷是一个木工,但他和别的木工又有些不一样,别的木工什么都做,桌子、板凳、柜子、建房的木料等,而且经常是几个人合伙做。爷爷从不与别人合伙,就是一个人在做并且只做一样东西,就是木桶,所以很多人称他为箍桶匠。我无数次见证他做桶的全过程,画圆、放料、刮板、打箍,那样娴熟而精致,以至于十里八乡的人都夸赞他桶做得好。爷爷话不多,也从不叫卖,都是别人到家里来买,只是后来木桶不时兴了,才拉着板车赶会去卖,就是这样收入也不错。

在过去的岁月里,他就是靠这手绝活养家糊口,度过了生活的难关,让父亲和叔叔在求学的道路上走得更远。毕业后,父亲在乡政府工作,叔叔在学校教书。所以我也就少了些父亲的陪伴,是在爷爷的呵护下长大的。村里人都说我具有爷爷的性格,这样的性格也使我感到骄傲。

以前家乡闹灾荒,爷爷奶奶带着父亲和叔叔到外乡去逃荒,奶奶是一个封建社会的小脚女人,走不了很长的路。爷爷就用一辆独轮车推着她,车上还有一个木工箱是她的依靠,父亲和叔叔都不到十岁,就跟着跑。一家人背井离乡,途经睢县、宁陵县、夏邑县、永城县一路乞讨,逃到安徽省的涡阳县,那里的情况稍微好一些,爷爷又开始了他的木工生涯,给当地人做些木工活。

爷爷的木工箱

他用辛勤的劳动换得几碗米和几件旧衣服,一家人偶尔也能吃上一顿饱饭,每个人都添上一件旧衣服,凭着他的手艺在外度过了最艰难的岁月。还好一家人没有骨肉分离,过了一年,一家人又完完整整回来了,还是带着他的木工箱,推着那辆独轮车。灾后重建是艰苦的,爷爷战胜了重重困难,生活稍有好转,就把父亲和叔叔送到学校读书。当时在我们村没有几个家长这样做,多数家长是不让孩子上学的,也上不起学。爷爷能够把两个孩子都送去读书是很了不起的。学生要上学,生活还要继续,爷爷也继续着他的木工生活,做呀、卖呀的忙个不停,奶奶也成了他的帮工。由于他的手艺是一流的,做的东西卖价好,卖得快,靠这个手艺支撑起了这个家,也供得起两个学生读书。

后来,父亲和叔叔都进入了新学堂,父亲一直读到河南省农业学校,毕业后在乡政府工作;叔叔一直读到新疆政法学院,毕业后成为一名教师。爷爷仍然坚持着他的木工生涯,我们孙子辈的几个小孩整天围着他,看他做木工活,有时还学着他的样子敲敲打打。慢慢地我们也长大了,到了懂事的年龄,爷爷就给我们讲他逃荒的故事、卖桶的故事、在别人家干活的故事等等,爷爷讲故事时流露出的与艰难环境做斗争的乐观精神和奋斗精神鼓舞了我们。有一次,他们在逃荒途中遇到一对母女,家里非常贫穷,爷爷帮她们做了一对水桶,没有收任何东西。遇到特别贫穷的人买桶时,爷爷还少收费或不收费,这种助人为乐的精神在我们心中播下了爱的种子。再加上爷爷做木工活时的娴熟与认真,使我们耳闻目染了爷爷的敬业精神,也让我们在潜意识中产生了无论干什么事情都要追求更好的思想萌芽。

记得有一天，爷爷不做木桶了，而是做了两个小板凳，说是"你们到了上学的年龄，这小板凳就是做给你们上学用的"。开学了，爷爷把我们送到了学校，从我们上学开始，爷爷就经常教育我们"听老师的话，好好学习"。他从来不让我们光膀子上学，他说："既然成了学生，就要有个学生的样子，要么不上，要么上好，不能当学生混子。"向他要钱买作业本时，他让我们把用过的旧作业本交上来，他还一张一张地翻着看看。我知道爷爷是不识字的，他是检查我们作业本中是否有空白，有空白了，他是不愿意的，他说那样就浪费了，就不给钱了，不能买新的，直到每张都写满才行。爷爷的心很细，一张也不能少，看到他的认真劲，我们不得不认真写好每一张，慢慢地在不知不觉中养成了认真学习和认真做事的习惯。爷爷"要么不做，要么做好"的思想在我头脑中扎下了根，现在回想起来，爷爷真了不起呀！

在爷爷的精心呵护下，我们长大了，可爷爷走了。爷爷走后留下了一个木工箱，爷爷那么挚爱他的职业，为什么没有让他的后代学他的手艺呢？也许是他了解里面的艰辛，也许是他意识到了做木桶这活随着时代的进步注定是一门失传的手艺，也许他认为读书比学手艺更重要等等，但是他给我们留下了一个木工箱，留下了一种精益求精的工匠精神和"干一行，爱一行，专一行"的敬业精神，这就是他常说的"要么不做，要么做好"的家风家教，他用一生的实践解读了这句话的含义。后来我家也经历了几次搬迁，我最在意的就是爷爷的木工箱，在我的心里这不是一般的工具，而是我们的传家宝，无论我们从事什么职业,也无论在哪里生活,都要把这种良好的家风传承下去。我也经常给我儿子讲爷爷的故事,讲木工箱的故事,其目的就是传承家风。

我认为,人一辈子不在于做多少事,而在于做好多少事,不在于换过多少岗位,而在于在每个岗位上做得怎么样。我在民政局工作,在这个岗位上干了20年。单位安排我到村委会换届选举办公室做咨询员,历经第四、五、六、七、八连续五届的咨询工作,我从来没有推诿过,而是抱着"要么不做,要么做好"的心态认真做好咨询工作。每当我有什么消极念头产生时,我就想起爷爷把一个箍桶的活做了一辈子,也从没有烦过,而是那样的敬业时,我的消极念头就打消了。

正是爷爷"要么不做,要么做好"的家风家教,使我认真对待工作,应该说村委换届选举的咨询工作我是有一定经验的,但我从不满足于经验,每次都是认真学习国家的法律法规和党的政策,负责任地接待每一位来访的群众和来咨询的工作人员。在工作中也遇到过一些不正之风试图侵蚀,但都被我婉言谢绝了。因为我心里明白,接受他们的吃请,我就不能依照国家的有关法律法规和党的换届选举的有关文件精神做咨询了,就要按照某些人的意图去做,这不是把事情做好,而是把事情做坏,这是我不能接受的。在工作中就是要坚持"要么不做,要么做好",所以在连续五届长达十五年的咨询工作中,没有因我的咨询解答引起群众的不满,也没有因我的咨询解答给乡政府添乱。

在工作的实践中,我体会到负责地干好工作比什么都重要,正是我继承了爷爷"要么不做,要么做好"的做事精神,才使我始终如一热爱今天的工作,始终如一追求工作的高标准,尽管我的岗位很平凡，都是一些小事情，但能够长期坚持做好这些小事情，我内心感到很充实，很快乐。

以后，我还要一如既往坚持"要么不做，要么做好"的做事风格，并把它作为我家的家风传承下去。

（作者单位系杞县民政局）

家有慈母子孙贤

张 玉

说起家风,就特别想写写我的婆婆。婆婆是一个很朴实的农村女性,朴实的土地、朴实的民风滋养出她朴实的情怀。她一生守着土地,克勤克俭,明理识体,孝敬老人,慈爱儿孙,与人为善,和睦乡邻。

婆婆虽然平凡,可她的见识和心胸却很不一般,这与她的出身有很大的关系。婆婆的父亲早年毕业于黄埔军校,后来散尽家财,投身革命,可不幸的是,三十岁时患上重病,英年早逝,那时婆婆才七八岁。虽然父亲早早离世,但是因为从小受父亲的影响和熏陶,再加上婆婆的母亲经常以父亲为榜样来教诲她,婆婆的眼界与格局高于常人也就在情理之中了。

婆婆今年已经八十四岁了,膝下有六个儿女,可以想见在过去生活艰难的日子里,婆婆一定是吃了很多的苦,才把儿女们养大成人,竭尽全力供养他们求学成才,又帮助他们成家立业的。如今儿女们都有了自己的事业,日子都过得很好,虽然不能天天守在老娘亲的身边,但是总要抽出时间回家看看,尝尝老娘亲的厨艺,和老娘亲多聊上几句。一生辛劳的婆婆虽然没有给儿女们置办什么家业,儿女们长大后也多是依靠自己的力量成了家、立了业,但是在他们的心里,老娘亲就是他们心中定盘的星,有事没事总想回到老娘亲那里寻找心灵的依靠。

良善家风惠久远

婆婆这一生为人处事堂堂正正、清清白白，不仅赢得了儿女们由衷的敬重，也赢得了左右乡邻的好口碑。

可以毫不夸张地说，婆婆的孝远近闻名。记得我刚来到婆家时，婆家奶奶还健在，那时已经有八十七岁了，后来意外摔倒，造成骨折，只能卧床。从此以后，婆婆便衣不解带地照顾奶奶。奶奶喜欢早晚喝面汤，婆婆就每天早晚都给奶奶做一碗甘甜可口的面汤。奶奶还喜欢喝点小酒，婆婆就会做几样时令小菜，陪着奶奶小酌几杯。为了方便照顾，婆婆就在奶奶的床边放置了一张小床，一年四季守护在奶奶的身边。特别是冬天，奶奶晚上起夜，因为身体不能动，婆婆就要使出全身的力量把奶奶抱起来，然后再把奶奶放在为她特意准备的坐便器上，之后又要使出全身的力量再把奶奶抱回床上。想想婆婆那时也是六十多岁的老人了，奶奶一晚上起夜少则二三次，多则六七次，我不知道婆婆是怎样熬过这漫漫的冬天，熬过这整整的七年。晚上要守在奶奶的床边，白天还要为大小便失禁的奶奶浆洗衣裤、被褥。好多次回老家，家中的晾衣绳上都晒满了奶奶的衣服和被褥，我们都知道婆婆是不想让奶奶受一丁点儿的委屈。奶奶在九十四岁时安详地去世，好多老人卧床多年，身上都会出现褥疮，可是奶奶身上没有出现一点褥疮。每次回家，看到奶奶的头发都梳得整整齐齐，一丝不乱，衣服穿得干干净净、清清爽爽。婆婆私下里对我们说："你奶奶原来是大户人家的小姐，爱干净，不能让她委屈着。"看着婆婆不辞劳苦地照顾奶奶，我们都很心疼她，想要轮流请假回家帮她一把，每次提出这样的请求，婆婆总是坚决不同意，安慰我们说："不用担心我，我还铁着哩，恁大（俺公公）身体虽然不如我，但是他也能给我搭把手，俺俩还伺候不好你奶奶一个人？放心吧，啥时候我伺候不动了再说。"可是在坚强的婆婆这儿，她永远也不会对她的儿女说她干不动了，她是不想让儿女们因为家里的事分心，耽误了工作。奶奶临终前，泪眼婆婆地对婆婆说："妮啊，让你受苦了，你是俺的好闺女啊。"乡亲们都说，要不是婆婆伺候得好，老人家哪会这么高寿。

  婆婆的慈，我们做儿女的体会最深。儿女永远是母亲心头最大的牵挂。婆婆的年纪越来越大了，我们总劝她别再干农活了，家里还有十来亩地，本来说好秋季都种成玉米，又好播种，又好收割，农忙时只需要雇人帮忙就行了。可婆婆又偷偷种上了几亩棉花，本以为地里的活儿都包给了别人，婆婆可以清闲下来，可是到了秋天，婆婆打电话让我们兄弟姐妹回家拉棉花，我们这才知道她偷偷种棉花的事。回到家，我们是又生气又心疼，那么大的年纪了，不享清福，还费那么大的劲种什么棉花。婆婆说："你们往后都在城里工作，我不趁现在还能动，给你们种点棉花，你们往后要缝个被子啥哩，上哪儿找棉花。再说了就是能买到现成的被子，那也不如咱自家地里种的棉花盖着暖和。"就这样，婆婆又连续种了三四年棉花，直到我们再三央求说别种了，家里都没地儿放了，这辈子都有用不完的棉花了，她才住手。可总也不想闲下来的婆婆又找到了另一件事做，那就是为我们缝鞋垫。她打电话说让我们回家时，把自家不穿的旧衣服收拾收拾带回去，扔了怪可惜的。我们也没多想，正好各家都有些穿不着的旧衣服，就打包拿回老家来，等我们下一次再回去，婆婆已经为我们各家都装了满满的一大包鞋垫，每人都有十来双。想想这一大家子从大人到小孩有三十多口人，婆婆要缝几百双鞋垫，这得花多大的工夫和精力啊。看着这一双双缝着密密实实针脚的鞋垫,大家都惊呆了,原本充满欢声笑语的屋子,一下子安静了,过了好久我大哥才说:"妈,您不会好好在家享享福吗,我们什么都不缺,即使缺什么,我们自己也会买,您看您,年纪这么大了,身体也不好,还给我们缝这么多鞋垫,这得缝多少天啊,要把身体累垮了,咋办啊?"看着我们大家都很难受,婆婆笑着宽慰我们说:"你们拿回来的旧衣裳,能穿的我和恁大留着穿,不能穿的,也不能扔了啊。我挑那些棉一点儿的都给你们缝成鞋垫,小时候你们都喜欢垫我缝的鞋垫,又软和又吸汗,我怕你们在城里买不到这样的棉鞋垫,正好用这旧衣服都给你们缝成鞋垫用,也省得花钱买了。"因为爱,所有的辛苦在婆婆的心中都变成了幸福,那无数细密的针脚见证着婆婆在细碎的光阴里为儿女们倾注的沉甸甸的爱。无论儿女长多大,在婆婆的眼中都是她最心疼的宝贝,这已经成为她生命中长久以来的习惯,她不知疲倦地乐在其中。

  婆婆的好还不只是在家里,几十年来与左邻右舍相处,婆婆也没有和谁红过脸,争过什么,反而是为人慷慨大方,喜欢行善济困,把财物看得很轻,把乡情看得很重。一生勤劳的婆婆喜欢在自家地里种些时令的瓜豆菜蔬,一到成熟的季节,就常常采摘最新鲜的送给前门后院的街坊乡邻。遇到乡亲有难处,心地善良的婆婆总会尽心尽力地帮助人家。几年前,老家门口一个还挺年轻的媳妇,不幸得了肠癌,家中经济原本就不好,再加上治病更是雪上加霜。婆婆很是可怜这个年轻的媳妇和她两个年幼的孩子,总是隔三差五地拿些鸡蛋、苹果、香蕉、牛奶什么的上门看望,回来之后就会难过好一阵子,我问婆婆那媳妇情况怎样了,婆婆神色黯然地说:"唉,不好啊,大人受罪,小孩子可怜呐,咱也帮不了大忙,多去看看她,尽尽咱的心力吧。"婆婆虽不吃斋念佛,却有着一副菩萨心肠,见不得别人有难处。前两年,西边邻居要盖新房,家里西边院墙有些碍事,邻居找到婆婆说了自己的难处,婆婆二话不说立马答应人家把自家的西院墙拆了,当时我们还都不同意,自家的院墙建在自家的宅基地上,为什么要拆?婆婆说:"盖房子是大事,咱不拆院墙,他家的地基就不好下,人家不到难处也不会提出这样的要求,再说咱家的院墙也好些年了,正好也重新修修吧。"只要是自己能帮的忙,婆婆从来没对别人说过拒绝的话。

每次回老家,我都喜欢和婆婆聊天,婆婆聊着聊着就会说起陈年旧事,虽是陈年旧事,可我依然听得津津有味。这往事里承载着婆家老老少少生存、奋斗、做人、处世的道理。已经成为这个家庭中一员的我渴望了解这些已经有些久远的故事,感受哥哥姐姐们在婆婆的教育下成长的点点滴滴,感受这一个又一个故事背后的温度,从中获得一个大家庭精神上最可宝贵的遗传密码。婆婆说起以前的艰辛也会感慨不已,但是这么多年来,婆婆领着一大家子人一路堂堂正正、踏踏实实地走来,所有的努力都在时光里得到了回报,清清白白的家风养育出了努力上进、贤良孝顺的子孙,这是对婆婆辛苦一生最大的回报和安慰。也许是想到这,婆婆的眉头就会舒展开来,过去种种的艰难似乎也变得云淡风轻了。

在婆婆的影响下,婆家从上到下,亲慈子孝,兄友弟恭,互帮互助,和和睦睦。几十年过去了,地还是在一起种,家里有什么事,需要出钱出力的,也不用分你我,谁有空谁回老家代替大家操办,事后也不必算什么账。大哥是老大,也是弟妹们的榜样。

早年弟妹们还没成家时，才刚结婚几年的大哥，经济也不宽裕，有了点钱，先买了电视机抱回老家来让奶奶解闷。后来奶奶摔伤，不能行走，也是大哥不声不响地买了轮椅回来。家里有什么"门户头"差事，也总是大哥先知道，早早把钱拿了出来，往往等到事情过去好久了，我们才知道，问及此事，大哥也总是笑笑说："谁出不一样啊，再说我是当大哥的。"后来兄弟们也相继成家，经济条件也都好了起来，为了改善公婆的生活条件，大家纷纷出钱出力。二哥出钱把老厨屋拆了，重新盖了两间红砖蓝瓦的新厨房，又新修了管道，安上了太阳能，还给两位老人装上了空调和冰箱。那时候，老家用空调和冰箱的可真没几家呢。三哥也不甘落后，又过了一年把家里的老堂屋翻新了。原来又潮又湿的水泥地铺上了干爽的地板砖，老是往下掉灰的天花板吊上了干净亮堂的石膏顶，还置办了崭新的大沙发，把公婆用了多年的老钢丝床换成了有靠背的席梦思。大姐二姐还趁着春暖花开的季节带着公婆到北京旅游，婆婆还登上了万里长城，笑得特别的灿烂。几年前，大学毕业参加工作的孙女还给公婆买来了听戏的录放机，孙子还给公婆配上了手机，说是要"随时随地了解爷爷奶奶的最新动态"。儿孙们都在想着要为老人做点什么，让辛劳一生的老人好好享享福。

现在大家最担心的是两位老人的身体，毕竟上了年纪，一有"紧急情况"，就会"全家总动员"。去年秋天，婆婆因为骨质疏松，导致腰椎骨折，必须住院治疗，二哥三哥开着车第一时间赶回老家，连夜就让婆婆住进了淮河医院。因为公事缠身，我几天后搭车去医院看婆婆，来到病房前，隔着房门上的玻璃窗，我就看见三哥坐在婆婆的床前，给婆婆按摩腿脚。看见我来，婆婆很是高兴,坐在婆婆的床前,还没等我开口,婆婆就眉眼欢喜地说道:"没想到我这一住院,住出福气来了,恁二哥三哥他俩晚上轮流在这陪我,恁二嫂每天都来给我洗衣服,还买好多营养品,恁三嫂天天早上早早就把粥熬好给我送来了,回回都不重样,你二姐昨天来看我,说等我出院了接我上郑州住她家,她家有暖气……病房里的人都羡慕我,说我有福,你大嫂今天还说要来哩……"听着婆婆幸福的"倾诉",再看看还在帮婆婆小心按摩腿脚的三哥,我的眼睛也有些湿润了,温暖和幸福溢满心间。我知道我是在替婆婆高兴,想想有这样又孝顺又贴心的儿女,做老人的哪个不感到心里舒畅啊。

好多第一次见到婆婆的人,总会用一句话来形容婆婆,那就是"你婆婆看着就让人觉得面善心肠好",是啊,如果不是一生心地仁爱,洞明事理,清清白白,坦坦荡荡,怎会有浸入容颜中温暖的善良?都说仁者高寿,善良的婆婆用她的善心善行赢得了亲人和乡邻的敬重,就是上天也会被她感动,护佑她平安健康,赐予她一个美好的晚年。

寸草之心再切,也难报三春之晖。俺们的老娘亲,您一定要好好的呦,有您在,才是我们做儿女的最大的福气啊。

(作者单位系河南省杞县高中)

良善家风惠久远

勤俭、守时、肯吃亏

靳凤伟

　　勤俭、守时、肯吃亏，是我人生的三块导向牌。自幼父母的耳提面命、家族的生活习惯，无不时时刻刻影响着我，使我养成了良好的性格、习惯。

　　我家往上数三辈，都是地地道道的农民，都是靠踏实苦干来填饱肚子，他们勤劳，不愿辜负大自然恩赐的每一寸阳光、每一滴雨露。他们节俭，把每一粒粮食发挥应有的价值。幼时的一件小事，让我刻骨铭心，直到如今。还记得那个寒冬，当早自习放学我跟同学们一样高兴地回到家时，却不见父母的踪影，家里就剩下盖在锅里的饭，每次打开锅盖总是感觉馒头冰凉并且被水蒸气蒸得已发柸，菜也是冰冷的，我就感到很委屈。为了抗议，我就不动锅里的饭菜，不吃饭就去上学。可能因为那时的我比较瘦小，尽管不吃早饭也总感觉不到饥饿。几天后的周末，父母把我叫到跟前，给我讲了姥姥姥爷还有他们小时候的经历，那时候生活条件极其艰苦，别说挑食，就是能填饱肚子也是一种奢望，父母对我这种挑食的毛病进行了严厉的批评，教育我一定要珍惜现在来之不易的生活。

　　父母讲的道理，给我留下了深刻的印象。现在，随着社会的日益发展，我们的生活条件有了很大提高，尽管现在物质生活条件有了很大的提高，但勤俭节约的习惯早已深深刻在了

勤俭、守时、肯吃亏

我的大脑里,无论是在外还是在家我总是尽量做到不浪费一粒粮食。

由于父母单位对上班时间要求比较严格,必须按时按点去工作,有时家里有事耽搁了时间,他们为了不迟到甚至牺牲吃饭的时间也不愿上班迟到,所以无形中促使我养成了时间观念,再加上警校三年的军事化训练,使我心中总是对规定的时间存在敬畏感,现在每逢遇到单位要求特定时间执行特殊任务时,我都是先于闹钟半个小时醒来,上班这十来年,我从来没有迟到过,遇到特殊任务时,我也是先于要求的时间到达。

我的伯伯一直都是我学习的榜样。伯伯学问不大,在商界却小有名气。我曾经问过他:"咱家原来并不富裕,您学历也不高,怎么能把生意做这么大呢?"伯伯笑着说:"因为我老实、愿意吃亏,不看重金钱,熟知我的人都愿意跟我一起做生意,慢慢地,生意就做大了。"伯伯是这样说的也是这样做的,每逢家里遇到事情,伯伯总是第一个站出来,无论是自家的事还是别人家的事,他都很乐意去帮助别人,无论是出人力还是财力,他都十分慷慨,从来不计较个人的得失。

家庭教给我的做人道理,时刻影响着我对社会、生活的判断。每逢家人聚在一起,大家都会被这样的观点感染:"做人、做事,都是一样的道理。都要老老实实去干,别把得失看得太重,能多干就多干,跟同事在一起要知道吃亏是福。"

面对复杂的人生和社会,我们会不会因为骄奢而荒废宝贵的光阴?会不会因为怠懒毁掉自身的品质?会不会因计较得失而迷失生命的真谛?我认为,人生是生命在人间的一次旅行,人生是生命的一段过程,而并非生命的终极目标。人生就要襟怀坦白,光明磊落。能够有"勤俭、守时、肯吃亏"这样的家风,我感到幸运而满足,这样的家风,带给我的不仅仅是平和的心态,也是幸福的家庭,更是光明而充满自信的未来。

(作者单位系杞县公安局)

孝道在我心

任艳兵

转眼间,奶奶去世已经八年了,姥姥去世也有五年了。人都说"家有一老,如有一宝",我家的"俩宝"我却永远也见不到了。

记忆中,奶奶和姥姥的音容笑貌还是那么和蔼、慈祥。

2009年,我大学刚刚毕业,要去南方工作,临走前,奶奶拉着我的手不舍得松开。那年奶奶将近90岁高龄,有点儿老年痴呆,不大识得人,平时看着我一直喊我姑姑的名字。姑姑已经去世,白发人送黑发人一直是奶奶心里的痛。可是那天,奶奶清清楚楚地叫了我的乳名。我知道,她舍不得我。

爷爷去世早,奶奶一个人又当娘又当爹的把几个孩子拉扯大,爸爸说"百善孝为先",奶奶年纪大了,他要好好孝顺奶奶,怕以后"子欲孝而亲不在"。奶奶常常找不到回家的路,平日里,我家的大门都不敢开,怕奶奶独自出门回不来。可奶奶不想整天闷在家里,于是每天爸爸下地干活回来,就陪着奶奶在村里转转。奶奶喜欢自己拄着拐棍儿,不想让人扶,爸爸就在后面紧紧跟着。爸妈坚持一日三餐给奶奶端饭,看着奶奶吃完,奶奶却像个小孩子似的撒得满地都是。吃完饭爸爸还要给奶奶洗脸擦手,从来都是亲力亲为,哪怕他自己再累,也不让我们做。

2009年12月底,奶奶90岁大寿的前三天,她在睡梦中离开了这个世界。爸爸说奶奶走得很安详,脸上带着笑容。那是我

良善家风惠久远

第一次见爸爸哭,这个朴实的农家汉子无声哽咽,泪流满面。都说男儿流血不流泪,只是未到伤心处。爸爸伤心地说,他以后再也没有娘了。

姥姥是个很可爱的老太太。我从小在姥姥家长大,姥姥说我小时候很调皮,像个男孩子,天天爬墙上树,蹭得衣服这儿开个口子那儿裂道缝儿,姥姥跟在我后边儿给我缝衣服扎小辫儿。要是被妈妈看见了,我少不了要挨一顿打,跪一跪搓衣板儿,这时姥姥就会过来护着我,给我洗一洗花猫似的小脸儿,再给我两颗糖,牵着我去串门儿。

2012年5月,姥姥忽然卧床不起了。这是姥姥脑血栓第二次发作,医生说她可能要一直躺在床上了。妈妈和舅舅、姨轮流伺候姥姥。姥姥不能自己吃饭,舅舅用枕头给姥姥半垫起来,让姥姥靠在他身上,妈妈他们一口一口喂给姥姥;姥姥大小便不能自理,妈妈他们给姥姥擦身子洗被褥;姥姥手上脚上都是针眼儿,小姨每天给姥姥敷手敷脚。姥姥卧床的几个月,身上没起一块儿褥疮,每天穿的衣服都是干干净净的。

在姥姥去世的前几天,她心情很好,吃下不少饭,竟然还下床让搀着围着院子转了一圈。我们很高兴,想着姥姥好起来了,奇迹发生了。我看着妈妈、舅舅头上的白发都精神了许多。那段时间,大家都憔悴了很多,特别是头发,眼见着就白了一层又一层。可是奇迹没有发生,那是姥姥回光返照,她终究是走了,之后妈妈在床上躺了好几天。

都说"久病床前无孝子",我觉得不尽然。在奶奶和姥姥生命的最后,爸妈日复一日,对老人有无尽的耐心和包容,没有一点儿怨言。爸爸对我说,有爱的孝才是百善之首,一个有教养的人定会爱他的父母!由爱发出的孝是无条件的,是发自内心的。这种爱会在家庭中滋养成长,化为浓重的孝。让孝成为一种爱的传递,让我们都不知不觉爱着自己的父母。

天地重孝孝当先,一个孝字全家安。从古至今,孝的故事永不落幕,无论什么时候,孝都不会过时,一个懂得感恩父母的人,才能更好地感恩他人,感恩社会。

百善孝为先。在爸爸妈妈的身上,我看到了,学到了。正是父母的言传身教,让我懂得了什么是孝道:孝道就是不仅要赡养自己的父母,给父母精神的慰藉,更应该将这样的美德推广到亲朋、友邻及每个社会成员之间。也正因为如此,中国的孝道才能够超越普通的家庭伦理,成为中国人精神文化的重要内核。我为有这样伟大而又普通的父亲母亲,感到无比的幸运和骄傲,他们教我的,我也将继续教导给我的女儿,将"孝"进行到底!

(作者单位系杞县畜牧局)

良善家风惠久远

知根莫忘本

张红涛

夜色渐浓,乡村的夜晚开始寂静起来,姬庄的人们经过一天的劳累已经沉沉睡去,毕竟明天还要早早地起来侍弄庄稼。同样忙碌了一天的我却了无睡意,躺在床上辗转难眠,依稀听得几声犬吠,像是从遥远的梦里传来。

去年此时,我也像姬庄的老乡们一样忙碌在田间地头,日出而作,日落而息。虽然我很早就在县城参加工作了,但每逢周末和节假日我都是要带着孩子们回家干农活的。这是父亲大人要求的,也是我们家的一个传统,按照长辈的话说,就是"要知道自己的根,别忘了本分"。

今年却是要辜负老人家了,自从2016年10月,我所在的杞县食品药品监督管理局成为派驻竹林乡姬庄村扶贫工作队后,身为队长的我就很少回县城的家了,更别说远在农村的老家了。工作队在姬庄村生起了炉灶,扎下了根,和当地老百姓同吃同住。期间父亲给我打过几通电话,责怪我是不是以工作忙为借口,丢了本分。我很是惶恐,连忙解释,近期工作实在是忙,甚至没有机会去陪伴正上学的双胞胎女儿。父亲问我,忙什么呢,往年这个时候怎么没有这么忙啊?我说在忙扶贫呢,这是县里交代的任务。父亲沉默了一会,低声说,既然是领导安排的那就忙吧。

人年纪大了就易感到孤独。年迈的父母虽然对我的工作表示支持,但我还是听出了老人家的落寞。我忙把2016年10月份扶贫工作队进驻竹林乡姬庄村后,看到的当地群众的生活情况向他描述了一番:"当地老百姓有的还住着土坯房,没有一个像样的院墙,做饭还在烧着地锅,村里没有什么文化娱乐设施。"老人家沉默了一会儿,估计是感同身受,才放出话来说:"你是公家的人,理应为公家分忧,这是善事,是好事,你好好干,今年就别往家跑了,在那里干也是一样的,要干好,干出样儿来。"

为了让老人放宽心,我赶忙把近段的工作情况向父亲做了汇报。杞县食品药品监督管理局扶贫工作队在进村入户的走访中,了解到本村村民姬广彬在外地创业成绩显著,决定南下做工作,实地考察姬广彬在上海、江苏太仓、沙溪等地创办的企业,动员姬广彬回家乡投资创业。经过我们动之以情、晓之以理的劝说,姬广彬愿意回乡帮助家乡父老尽早脱贫,并表明了回乡投资的意向,以产业助脱贫。现在已与贫困户联合成立了杞县圣灌金银花种植合作社,并预备投资兴建金银花烘干厂、金银花茶叶厂,解决了贫困户的后顾之忧,相关工作正在运行中。此外,姬广彬同志吃水不忘挖井人,回馈家乡父老恩。他无偿地拿出150万元为村里建设文化广场、健身器材场、篮球场、文化中心,并为姬庄等三个自然村购买了所有公用照明设备且为公用照明设备预备了近20年的电费开支。

父亲听完后对姬广彬大为赞赏,连连说:"好!好!好!这才是知道自己的根,没有忘了本分。这个是积善的事,你要好好配合人家的工作。"

"做好人,行善事,知根莫忘本。"多年来,父亲这样教导我,

良善家风惠久远

我也是这样践行的。两个女儿年纪还小,我会慢慢地将这些道理讲给她们。

写完此文,天已渐亮,天亮还有好些事情要做。我搁下纸笔,稍作休息。当我完成了组织交给的任务,让贫穷落后的姬庄村旧貌换新颜,远在老家的父亲也会感到欣慰的。

(作者单位系杞县食品药品监督管理局)

别摔了你的饭碗

李 冰

不知不觉间,爷爷已经离开我们整整十年了。爷爷离开后的日子,我不知多少次梦到他老人家,梦中的我总是开心地和爷爷待在一起,享受着那温馨的时光。可是每次在梦醒之后,留给我的往往是那绵绵无尽的怀念,还有枕边那濡湿一片的枕巾。爷爷,说实话,我真的很想你,想念和你在一起的每一个故事,每一个片段,每一个温馨的情节。

据爷爷讲,他年轻的时候在太康县城一所重点小学当教师,他总是兢兢业业,认真干好自己的本职工作。当时他因为算盘打得好,一直在学校负责后勤财务。直到有一次,因为没有给校长多报账,就被校长一句话莫名其妙地停职回到了农村老家。

回到老家后,因为爷爷是方圆几十里出名的文化人,乡里和村里就让他当大队会计。这一干,就是三十多年。在从事大队财务工作中,他时时严格要求自己和家人,不贪不占,公是公,私是私,从不占公家一分钱的便宜,以良好的人缘和口碑赢得了乡邻们的称赞。幼时的我,一次次看到他老人家在昏暗的煤油灯下盘点着大队的账目。

那个特殊的年代结束后,爷爷也一次次地骑车奔波数十公里到县里要求落实政策,由于种种原因,他的教师身份一直没有得到落实,这让他遗憾终生。虽然个人的问题没有得到解决,但是他并没有因为社会的不公正而影响到自己的本职工作。而是立足现有的工作岗位,竭力干好自己手中的事,呵护着自己手中的饭碗和做人的良知。直到花甲之年,他也没有离开陪伴自己多年的算盘和账本。爷爷的一生是坎坷的,但是吃过多少苦,受过多少罪,他从不肯对别人说。他老人家经常对我和两个妹妹说的话,就是要好好上学,只有勤奋才会有出息。

在爷爷的期望和教导下,我考上了中专,选择了法律专业。因为爷爷在那个法制还不很健全的年代受过种种不公正的待遇,当时的我内心也是十分渴望用心中做人的良知去为那些善良而朴实的乡亲们寻求一份属于自己的公正。毕业后,我到了法院,当上了一名书记员。因为文凭低,我早早地就开始参加自学考试,相继通过了法律专科和本科的考试,拿到了两张毕业证书。至今我还忘不了爷爷给我写的信:"啥时候都要好好学,只有学习才能有出息。"每次见到我他都要问我考得怎么样,工作干得怎么样。每当听到我说考得不错时,他就很高兴,满是皱纹的脸上笑成一朵花,还不忘再鼓励我一番。当听到我说考得不好时,他也会给我鼓劲,从来没有说过泄气的话。

至今我还清晰地记得那个周末,我带着爱人和孩子回到老家,父母看到小孙子回来,高兴得不得了。爷爷当时已经近90岁,两眼昏花,什么也看不见。当听说重孙子回来的消息后,他颤巍巍地伸出双手要摸摸孩子。看着年迈的爷爷,我心中涌起的是一种别样的感情,爷爷老了。那次我回家,爷爷没有再问我工作上的事情。临走时,我和媳妇给老人家道别,他突然问我一句:"考试考得咋样?"听到这,我愣了。什么考试?爱人说:"爷,您说的是他们单位的法官考试吧?"爷爷点点头。这时我无言以对。几年中,因为一直待在办公室,日常琐事特别多,接触的案件少了,再加上每天有写不完的稿件、信息和调研文章,无形中我看书学业务的时间就少了。参加司法考试几年来,因为没有下功夫钻研法律知识,一直没有跨过那道致命的门槛,没想到年迈的爷爷会突然间问到这个问题。看到我没有回答,爱人在一旁接了腔:"爷,他考试没有通过。"听到这,爷爷咳了一声说:"别摔了你的饭碗!走吧。"说罢,他摆摆手,没有再理我。那一刻,我心中是说不出的难受,就这么一个司法考试,让爷爷一次又一次的失望,怪谁呢?难道都怨工作忙吗?回来的路上,我反思了许久。工作是忙,可是工作时间以外,我又都干了些什么呢?多少次我没有待在家中看书学习,而是和朋友同学一起喝酒打牌,好端端的时间就这样流失了。回过头来,我才发现自己失去了许多东西,爷爷的失望和叹息,敲醒了我混沌的思维和麻木的生活,让我明白了,生活应该怎样过,自己的工作应该怎样去干。

后来爷爷走了,我的司法资格考试也通过了,审判员也任了,法官登记也评定了。离开爷爷的日子,我兢兢业业地干好自己的本职工作,对单位领导安排的各项工作都尽职尽责,手中的荣誉证书也堆积到近两米高。可是每一次想起爷爷那句"别摔了你的饭碗",都让我回味悠长。爷爷的话很朴实,却让我铭记在心,催我奋进。或许,这将是我人生中一笔永远值得珍藏的宝贵财富,时刻鞭策着我,激励着我。

(作者单位系杞县人民法院)

良善家风惠久远

"老崔头"和他的"三字经"

崔莹莹

我的爷爷出生在二十世纪三十年代,经历了旧民主主义、新民主主义和社会主义,靠着质朴的勤劳和善良,靠着拉车挣来的分分角角养育了八个子女,苦难虽然刻满了额头的皱纹,却没有让他失去对生活的希望。2015年国庆,81岁的他不幸患脑出血,从郑大一附院到杞县中医院,专家和医生一次一次的判断被他顽强的生命力和父辈的孝心一次一次刷新重写。和苦难抗争了大半辈子,和病痛抗争了18个月,直到今年清明前夕他溘然长逝,给我们留下了宝贵的精神财富。

在县城老街,爷爷的脾气是出了名的倔强,街邻们都亲切地叫他"老崔头"。他身上有着二十世纪老人们共同的时代特征,经历了苦难,见惯了悲欢离合,仍保留着真挚的情感和传统的道义。

爷爷常说:"做人要正、善、俭。"正是有了"正"和"善"的底气,他才敢说敢做,路见不平一声吼;正是有了"正"和"善"的信念,他的子孙后辈中有11人相继进入绿色军营,在部队中成长历练;正是有了"正"和"善"的追求,他才能在动荡的年代不失本色,在和平的年代坚守正气,用实际行动影响和教育了八个子女,为大家庭63名成员做出了榜样。二十世纪五六十年代虽然日子过得清苦,但是爷爷一直教育儿女要正直善良、勤俭节约、

"老崔头"和他的"三字经"

艰苦朴素,不能做违法乱纪的事。步入晚年以后,爷爷依然古道热肠,不管认不认识,只要别人有难绝对会过去帮一帮,在县城老街有口皆碑。

随着生活条件的改善,他坚持锻炼身体,每天一大早就拿着扫把,把110余人共同生活的大院打扫得干干净净、井井有条。小时候,因为家里没有地,十来个兄弟姐妹经常跟着爷爷奶奶去别人收割过的田地捡拾麦穗,天不亮就出发,一直到太阳落山才回家,爷爷常说,每一粒小麦都是农民的辛苦付出,一粒也浪费不得。他常给我们讲抗战期间吃不上饭、啃食树皮的故事,并告诉我们,虽然现在生活好了,但是这种勤俭节约、艰苦朴素的传统不能丢,在爷爷的谆谆教诲之下,我们渐渐懂得了爷爷的情怀,也懂得了一个老人在那个动荡年代的坚韧和勤俭。

良善家风惠久远

　　我们不羡慕别人的繁华世界,甘愿在正直、善良、勤俭的精神家园中默默前行。作为一名党员干部,我把正、善、俭当作座右铭,当作底线操守,当作教子家风,并一以贯之。

(作者单位系杞县葛岗镇人民政府)

扣对人生第一粒"扣子"

孔永丽

2014年5月4日习近平总书记去北京大学考察时强调:"青年的价值取向决定了未来整个社会的价值取向,而青年又处在价值观形成和确立的时期,抓好这一时期的价值观养成十分重要。这就像穿衣服扣扣子一样,如果第一粒扣子扣错了,剩余的扣子都会扣错。人生的扣子从一开始就要扣好。"

我的童年是跟爷爷奶奶一起生活的,他们严于律己、诚恳待人、互敬互爱、相濡以沫。他们没有什么豪言壮语,却教会了我宽以待人,严于律己,与人为善,教给了我一些做人的基本道理,令我受益终生,帮我扣对了人生第一粒"扣子"。

"吃亏是福,不要占别人一点便宜。"这是爷爷奶奶经常挂在嘴边的话。小时候我和爷爷奶奶住在家属院,邻里之间的串门也是日常的习惯。一个炎热的夏天,我去小万家玩,万妈妈从家里搬出一个又大又圆的西瓜,看得我口水直流。拿刀切开,那红红的瓜瓤、黑黑的瓜子像是要跳出来似的。我是多么想拿起一块立刻往嘴里塞啊!万妈妈好像看透了我的心思,切了一大块西瓜递给我。正当我犹豫不决接或不接的时候,我想到了爷爷奶奶说的"不要随便吃人家东西,不要占别人便宜"那句话,就像一阵风,瞬间吹醒了我。我咽着即将流出的口水,慌忙摇摇头摆摆手拒绝了,扭身便跑回自己家。我把这件事告诉了爷爷奶奶,爷爷高兴地夸赞说:"永丽啊,你做得对,咱们不能随便占别人家便宜。"说完便让奶奶从地上搬起一个西瓜切开给我吃。虽然奶奶切开的那个西瓜看上去不如万妈妈家的红,也不是那么甜,但是我的心里就像喝了蜜似的,美滋滋的。

"老老实实做人,诚诚恳恳待人。"爷爷身为党校校长,从不摆官架子。不论谁来我们家,爷爷都是热情款待,从不懈怠。记得有次同村人来县城看病,顺道过来看看爷爷。恰逢我刚放学回家,姑妈把我拉到一边偷偷叮嘱我,说那个人有乙肝病会传染,不要吃他碰过的东西。到吃午饭时爷爷奶奶却毫不介意,并做了一桌好菜款待他,还说有啥困难尽管提,会帮他解决的。后来才知道同村人听说他得了乙肝,都远远地躲着他。爷爷奶奶如此待他极大地保护了他的自尊心,让他感受到从未有过的尊重。奶奶虽然大字不识,但也一直受到邻居的信赖。但凡奶奶在家,邻居有事出门的时候只要喊一声"孔大娘,帮我瞅着点门",奶奶就立马答应:"去吧,去忙吧,交给我放心吧。"她就在俺们胡同里来回转悠,因此胡同的人出去都懒得锁大门。

印象中,我从未见爷爷奶奶红过脸,吵过架。听奶奶讲,她小时候娘家是地主,有钱有粮,爷爷家是贫农,穷得很。奶奶18岁那年嫁给爷爷,跟着爷爷吃了不少苦,但奶奶毫无怨言,还经常从娘家拿白面馍甚至变卖娘家陪送的金银首饰换成粮食贴补家用。奶奶说爷爷打过鬼子,干革命吃了不少苦,很是心疼爷爷,对爷爷极好。爷爷说奶奶跟着他没少吃苦,对奶奶也是极好。我是家里的第五朵花,在重男轻女严重的年代,爷爷奶奶并没有埋怨妈妈,对我更是疼爱有加。小时候我身子骨弱,奶奶专门喂了几只柴鸡,就是为了让我能吃上柴鸡蛋;冬天我脚冰凉,奶奶就把我的脚搂在自己怀里暖着；早上起来做饭时奶奶总是轻轻地给我掖好被角，等做好饭再把我摇醒，待我起床洗漱过，奶奶已经把不烫不凉的美食端到我面前；不舍得让我干活，直到我出外求学住校才学会自己洗衣物……一日三餐，事无巨细，两位慈祥可爱的老人无私地给了我幸福美好的童年，把一颗爱的种子撒在我心间，让我一生倍感温暖，也让我明白有爱才有家。

十几年的朝夕相处，爷爷奶奶并没有给我讲什么大道理，但就是这些极其微小的事却使我的心灵从小就受到浸染，言传身教，天长日久，像绵绵春雨滋润我的心灵，刻入我的灵魂，慢慢转化成良好的习惯，并逐渐在我心里扎下了根。

这，是启迪我一生的财富。爷爷奶奶爱我，我更爱爷爷奶奶，是他们的言传身教，帮我扣对了人生第一粒"扣子"。

（作者单位系杞县县委巡察工作领导小组办公室）

良善家风惠久远

我的成长风向标

曹冬冬

　　我的父亲是一名普普通通的工人，为国营花厂奉献了自己最好的青春。母亲是地地道道的农民，没有啥文化，也说不出啥大道理。在他们身上有三个字一直影响着我和弟弟，那就是"孝""勤""善"，而这三个字也演化为我们家的家风，成为我们的成长风向标。

"孝"

记得很小的时候,爷爷吸一些劣质香烟,经常咳嗽,这也导致了爷爷的身体出了很多毛病。不幸的是,奶奶早逝,又因为父亲的兄弟长期出门在外,所以照顾爷爷的重担就落在了父亲的肩头。父亲白天去花厂上班,晚上照顾爷爷。

后来由于国有企业改制,父亲下岗了。正所谓陪伴是最好的孝顺。这样一来,虽然失去了一部分劳动收入,但父亲却有更多的时间来照顾爷爷了。爷爷的病情发展到后期,他几乎丧失了言语能力,听力也大打折扣,再加上大小便失禁,生活基本上不能自理了。而且爷爷晚上睡觉总是睡不着,半夜还老是咳嗽。在和爷爷进行交流时,父亲总是提高很多分贝,生怕爷爷听不到。我经常看到父亲把母亲做好的饭菜端到爷爷的面前,先和爷爷说一会儿话,让爷爷明白是怎么回事,然后再用勺子一勺一勺地喂,爷爷用力地一口一口地吃,吃得很艰难。现在回想起来,我还不禁潸然泪下。虽然爷爷不能准确表达,但我每次都可以看到吃完饭后的爷爷脸上挂着幸福的表情。为此,父亲总是休息不好,但他没有半点埋怨,还是尽心尽力地照顾。

每到傍晚时分,父亲总要带着爷爷出去散散步,去田野里走上一圈,舒活舒活筋骨,呼吸呼吸新鲜空气。父亲常说:"人年龄大了,更应该多出去走走。"爷爷也总是似孩提般,在父亲的搀扶下慢慢地走着,走着……

中午,爷爷总是要睡午觉,这是爷爷自生病以来养成的习惯。父亲总是叮嘱我们兄弟俩,别大意,多留心,要给爷爷时不时地往上拉拉被子,以免着凉。由于父亲的言传身教,我和弟弟总是尽力做到最好,在爷爷生命的最后一段时光里,陪他走好。

虽然这只是简单的一个叮嘱,但流露出父亲对爷爷温暖而又细腻的爱。

"勤"

我们家住在农村,和大部分家庭一样,平凡、简单,日出而作、日落而息,面朝黄土背朝天是不变的场景。在我看来,母亲就是勤劳的典范。

她种地精耕细作,做得一手好农活,庄稼地里的活样样拿得起放得下,做得非常出色。家里的用具都拾掇得非常称手,一样用具修修补补又继续使用。

以前农忙的时候,地里的小麦大蒜、菜园里的番茄豆角,母亲样样在行,打理得井井有条。即使在最忙的时候,她也能抽时间在院墙角落里给鸡们搭建出一间属于它们的私有空间。空闲的时候,她还会在院子里修整出一片空地来,撒一些香菜的种子,在旁边再架个黄瓜架子……她常说:"人勤地生宝,人懒地长草。要宝不要草,幸福少不了。"

由于父亲工作忙,家里家外的大小事务就落在了母亲的肩上。对此,母亲没有过半点怨言,总是辛勤料理家务,照顾家人,精打细算过日子,总是物尽其用,从不浪费一点东西。

现在我们长大了,也参加了工作。在工作中,受母亲的影响,我总是尽力把备课、上课、批改作业做到最好,不断创新教学模式,因而我也收获了不错的教育教学成绩和一些荣誉称号。

"善"

印象里,小时候每到夏入秋的关口,由于人多、地少、收成差,我家的口粮总是不够。而这个时候,总有好心人借给我们家口粮,虽然不多,但也不至于饿肚子了。

家境如此,短时间内无法改变。但人穷志不穷,父亲苦学技能,凭借自己的电路维修技术获得了村里人的赞扬。由于我们村这方面的专业技术人员少,父亲自然成了一个"大忙人"。很多时候,尤其是在炎炎夏日,我们刚在风扇下端起碗,拿起筷,就听到了不期而至的敲门声。无须问,多半是谁家的电路又出问题了。这个时候,父亲二话不说,放下刚出锅的面条,就跟了出去。

有一天,我到仓库里去找东西,发现里面全是和电路维修相关的零件和工具。我连忙跑过去问母亲,母亲告诉我,父亲为了给村里人修电路自己拿钱买了这些零件和工具。父亲这样无私地帮助别人,大家都看在眼里,记在心里。每当我们家遇到困难或是口粮无法满足日常生活时,总会有村子里的热心人伸出援手。父亲说:"我们真正收获的不是别人的东西,而是别人的心……"

现在,我已经工作了,也渐渐独立了,没啥突出的地方,但有一点可以肯定,那就是家风赋予我的孝顺、勤劳和善良。在自身的成长中我深深体会到,家风的风向标虽然是无形的,但却指引着下一代成长的方向。我要接力父母的"孝、勤、善",作为我们家的风向标,用成绩报答他们,用爱报答他们,让他们过上简单而又幸福的生活。

(作者单位系杞县大同中学)

良善家风惠久远

修得家人心,相携永相亲

程 威

"家和万事兴"是老生常谈的话题,但我还是想借这个机会说一说。我很庆幸自己拥有一个和睦的家庭,不管是晚辈对长辈的孝敬,还是兄弟之间的互爱扶持,或是长辈对晚辈的怜爱有加,在我这个小小的家庭里面洋溢的总是温馨幸福。

我只是一名基层党员干部,也许我这一辈子做不出什么"平天下"的丰功伟绩来,但是对于"修身""齐家"这两个君子之志我敢说自己做的还是可以的。

我的母亲是地地道道的农村妇女,从小吃苦长大,嫁给我父亲之后,身上的担子更重了,不仅要把精力放在养活婆家一家老小身上,还要兼顾同样贫穷事杂的娘家。对于心酸的旧事,母亲一直都念念不忘,就算很多年后,家境大大好转了,她依然动不动就提起伤心往事,说着说着就会潸然泪下。刚开始的时候,我对辛苦的母亲很是同情和心疼,后来听得多了便开始不耐烦,甚至有时会控制不住自己的暴脾气对可怜的母亲责备几句,觉得她俨然变成了只会抱怨的祥林嫂。面对我的不耐烦,母亲便会及时收住不再往下说,独自默默流泪。再后来或许是自己的孩子年龄越来越大,自己身为父亲的责任感越来越强烈,不知不觉间对母亲的理解更加深刻,也越来越能读懂母亲的过去和现在。

之所以说起这件事,因为这在我家里算是一件典型的事件。母亲操劳了大半辈子,轻易不会诉苦撂挑子,只是对这一件旧事总不能释怀。在这一点上,弟弟做得比我好。他常年在外打工,一年到头也只有过年的几天得以回来陪伴双亲,也因此他比我更能理解母亲的喋喋不休。弟弟的影响也是让我转变的一部分,他对我这个大哥很是尊重,对他两个侄子也是疼爱有加,逢年回来总会带上几件礼物送给孩子们,这让我很感动,但是弟弟对我却是感谢和愧疚,他觉得自己常年在外,把孝敬父母的重担压在我一个人身上,虽然他也有汇钱给父母,但是陪伴大于任何物质的付出。我是个粗人,比不得弟弟的感性,只会说:"你就安心在外工作,照顾好你一家老小,家里的事交给我你就放心吧。"

不同于有些人家子女与父母间矛盾重重,兄弟妯娌之间更是剑拔弩张,我家不是书香门第,说不出什么"父慈子孝,兄友弟恭"的大道理,但是一家人的关系很是融洽。幸福虽然是属于一个小家,但是在这个家里的成员因为拥有了温馨的亲情,心里时常保持一份温暖和热情,这不仅对家庭成员关系的巩固有重要作用,而且用社会的视角来看,每个人怀抱一颗温柔之心来对待工作中的事情,自然也是有效率的。大人工作起来有精神支持,孩子成长起来有精神后盾,于家于社会都是有利的。

如今父母日益年迈,自己的孩子也一天天长大成熟,自己作为"承前启后"的中间人日益觉得肩上担子深重。家一直都是社会的重要细胞,对个人生活和社会发展都有着深远影响。

我感谢我的父母教给了我勤俭节约的传统美德,也感谢自己的兄弟与自己互相理解互相关爱,发扬了"兄友弟恭"的美好德行,感谢自己的妻子孩子给予我人生的另一种爱,让我在付出的同时也获得了亲人更加深重的回馈。人生路漫漫,唯情不可辜负,而家庭包括了人生中所有重要的情感,学会爱人,学会爱社会,一切都从爱家开始。

(作者单位系杞县苏木乡人民政府)

公家的东西一件都不能少

郭万亮

父亲是老党员,也曾经是村里的会计,为人忠厚善良,是我们村出了名的大好人。

小时候,记得父亲是个大忙人。谁家农活忙不过来了,不等人家招呼,他就去给人家帮忙了;邻居吵架闹别扭,他忙着热心地调解劝和;谁家遇到急事或者什么困难了,他总是忙前忙后,帮着出主意,想办法,有时还主动给人家送些钱,应应急。总之,人家的事都重要,哪怕我们家都忙得火上房了,他也顾不上,就这样他还总是对人家笑眯眯地讲:"有事你说话。"母亲听了生气地冲他翻白眼,他却说:"没啥大不了的,党员干部就要为百姓多干点事儿!"之后,他仍是外甥打灯笼——照(舅)旧!哎,真没法说他。

别看父亲平时乐呵呵的,什么事都好商量,但遇到公家的事他却较真,认死理儿,而且,对谁都不讲情面,连我们自己家人也不例外。

小时候,家家户户日子都很艰难。我们兄妹四人常常饿得肚子疼,有时就哭闹个不停,于是,母亲私下里就和父亲商量,问他能不能偷着拿些生产队的粮食,反正父亲是会计,管着库房,拿点儿东西是没人知道的,何况家里孩子正是长身体的时候,天天饿得哇哇乱叫乱闹的也不是办法。

公家的东西一件都不能少

谁知,父亲听了立马翻脸,吹胡子瞪眼地黑着脸说:"这怎么能行!我是党员,还是大家信任的会计,我怎么能偷拿公家的东西!再说大家生活都很难,咱们家要是吃香的喝辣的,让人知道了,非把咱们的脊梁骨给戳烂了不可!这以后咱们还能在村里待着吗?我可丢不起这个人!记住,人家能活咱们也能活!谁都别想贪占公家的便宜,自己人也别想!"说完气呼呼地背着手出门了。母亲被他这一顿快板噎得一愣一愣的,气得摇头叹气,却也无可奈何。

小时候,听长辈们讲,我们村是风水宝地,地处战国时期的古战场和古墓群遗址,所以地下有很多宝贝。别说,还真是这样,村民盖房挖地基,或者挖红薯窖时,常常会挖出一些青铜剑,还有一些带花纹的方砖、陶罐、盔甲上的金扣子什么的。反正父亲知道了,就会想方设法地给人家讨要回来,说那是公家的东西,不能私藏。每次他都把收缴的文物登记造册,不敢疏漏,而且,还特意把它们放在我们家的一间小屋里,锁得严严实实的,谁都不让看一眼,更不许我们拿着玩,像金疙瘩宝贝一样。

为了更好地保护文物,父亲和几个村干部时不时地轮番在村里大喇叭上宣讲。什么文物是国有的啦,不准个人私藏,要爱护国家文物,积极上交发现的文物,积极举报私藏文物者,打击违法盗墓之类的。而且父亲和几个村干部还组织了几个保护文物队,时不时地巡逻,有时候还值夜班抓盗墓贼,这样收获颇丰,我们家小屋里都快被塞满了。

一次,村里几个淘气的孩子趁我们家都去走亲戚了,就翻墙跳到我们家里,用铁丝捅开了藏文物的小屋子的锁,而后,每个人都不虚此行,各自挑选了一些自己喜爱的文物。有的拿了几把青铜剑,有的带上几件好看的玉器,有的拿了几个金光闪闪的金扣子,之后,欢天喜地地满载而归。

我们回来后,发现文物失窃。父亲见文物没丢多少,就猜测可能是村里几个捣蛋孩子干的,也不声张,就背着手在村子里晃悠打听,不久,就打听到了这几个作案的孩子,而后,分别去他们家讨要文物。

我们村一向民风淳朴,村民诚实厚道,再加上父亲良好的口碑,所以,讨要文物并不算难。只是,其中有个孩子太喜欢一件玉知了,说什么也不肯归还,家人磨破嘴皮子也说不通,任凭他们怎么说,那孩子仍旧攥着玉知了眼泪汪汪的,就是不撒手,连晚上睡觉也抱着玉知了。

对此,父亲着急得像热锅上的蚂蚁一般,在我们家院子里背着手不停地转圈儿,连连唉声叹气。我母亲劝他说:"算了!不就是少了一个玉知了吗?你已经去他们家几次了,小孩子家家的都任性,别因为这个再闹得邻里不痛快,划不来。"父亲听了着急地冲她嚷嚷:"你懂什么?公家的东西一件都不能少!我账本上都记得清清楚楚的,若要不回来,到时跟上级怎么交差?"母亲无语,她知道父亲就这倔脾气,认死理儿,在他眼里公家的事比天还大。

第二天,父亲去代销店买了一包水果糖,又去讨要玉知了,谁知小男孩仍不肯还,而且还大哭不止,把水果糖撒了一地。但父亲仍不死心,就去找小男孩的好朋友,打听他最喜欢什么东西。小男孩的朋友说:"他羡慕解放军,最喜欢的就是枪了。"于是,父亲就去代销店买了把玩具枪,笑眯眯地去找小男孩了,不出所料,他看到喜爱的枪,乖乖地交出了玉知了,父亲终于云开雾散,眉开眼笑了。

后来,上级来收回文物时,对着父亲的账本清点,一件都不少,连连夸赞父亲工作认真负责。

我参加工作后,父亲反复叮嘱我:"要踏踏实实工作,清清白白做人,不能贪占公家的便宜,也不能让别人贪占公家的便宜,多给老百姓办点儿实事。"

去年春节前,大伯拎着一袋花生来我家,让我帮他搞个低保,我沉默不语,心里纠结为难。大伯的确生活不易,养了五男二女一大堆的孩子,好不容易把孩子拉扯大了,孩子们却不愿意管他。为此,他们家天天吵架,鸡犬不宁。父亲也没少劝说大伯的孩子,但他们都是嘴上答应好好待父母,不久又我行我素,把我父亲的话当耳旁风了。

现在,五个儿子都把孩子扔给了大伯他们老两口,连地里的农活也都撂给了他俩,自己则清清静静地外出打工挣钱去了,而且挣了钱谁都不给老两口,他们都比着贪占父母的便宜,提及此事就让人气愤。

这可苦了大伯他俩,家里地里忙得不可开交,而且,这么多孩子吃饭穿衣都要自己操心,哎!别提多难了。但大伯家不符合低保的要求。想起打小大伯都很宠我,看着他衰老愁苦的面容,祈求苦盼的眼神,我怎么能拒绝他呢?这着实让我犯难。想了想,我拿出1000元钱塞到大伯手里,对他说:"别着急!容我跟领导商量商量再说吧。"

送走大伯后,我给父亲打电话说起此事,父亲听了也是叹了口气,说:"你抽空回来一趟吧,反正马上要过年了,你大伯的几个儿子都在家,我们一块合计合计吧。不管怎么说,你不能帮着你大伯贪占公家的便宜,那不仅要丢饭碗,还更丢人!"

周末回家,父亲找来大伯的五个儿子,耐心劝导他们,讲起大伯拉扯他们的艰难时,我们都忍不住掉泪了。父亲拿出1000元钱对他们几个说:"我知道你们过得也不容易,但再怎么着也得养活父母,不能再让你们父母遭罪了。咱们谁都有老的时候,自己的孩子也都看着咱们呢,到时候,咱们不能给孩子留下把柄,最后,辛苦一辈子了,我们也像自己的父母一样没人管,那就太让人心寒了,村里人都会因此瞧不起咱们的,连孩子也会抬不起头的。"他们听着默默垂泪,都不言语。

最后,我父亲给他们几个制定了计划,轮流赡养大伯。后来,低保的事大伯再也没有提起过。

从此,我更坚定了父亲的教诲:踏踏实实工作,清清白白做人,不能贪占公家的便宜,也不能让别人贪占公家的便宜,多给老百姓办实事。至今,我已经把这些教诲当作家风,反复叮嘱给自己的孩子,让他们谨记要做个像父亲一样堂堂正正的人。

(作者单位系杞县财政局)

父亲的账本

何世强

父亲从初级社、高级社到人民公社,在大队、生产队会计任上一干就是几十年,保留的账本一大捆。儿时的印象中,父亲经常在煤油灯下算账,账本合上后,都是及时锁进抽屉里,从不让孩子们动。

接触父亲的账本,是在他教上小学的我学会打"三遍九""九遍九"之后。每当生产队收了庄稼要分红时,父亲总是夜以继日地连算几天账。每一组数字父亲都是连续打好几遍,等结果不再变化时,才往账本上记。有时候父亲也让我帮他,准确地说,父亲是想借此锻炼我的珠算能力。或者他念账本上的数字,让我打算盘;或者让我念数字,他打算盘。我打算盘时往往打一遍一个样,父亲就提醒我一定要记准档位。有时候计算结果已经连续几遍不变了,父亲还要求再多打一遍。我不解,父亲说:"工分是社员用汗水挣的,用钱买的,分粮食时是按工分多少分的,不能有半点差错。"虽然那时没有村务、队务公开的要求,但是,账算好后,父亲总是用红纸把各户的人口、工分、应分粮食数张榜公布出来,让社员心里明白。父亲认真的态度,潜移默化中也对我的性格产生了很大影响。

有一次,我的作业本用完了,回到家正想向父亲要钱买,看到几本新买的作业本放在桌上,就向父亲提出拿一本写作业。父

小麦

经手人	月	日	说明	收入	支出	结存	备考
刘景明	6	4	第一次借口粮每人3斤164名合	522.	522.		
史传俊立	6	7	杨福清借小麦 张见作手续	48.	48.		570斤
	6	8	何国强借麦盖房用	50.	50.		
李学智	6	12	第二次借口粮每人10斤175名	1762.	1762.		
李学智	6	15	第三次借口粮每人10斤185名	1850.	1850.		
玉守杰	6	14	入合作医疗每人1斤168名	168.	168.		630斤
郭丙和	6	18	暂借牲料种13斤净	127.		127.	443
玉兴田	6	18	兑换夫子料		46.	81.	
	6	26	收入1018斤 交出公粮	1018.	1018.	81.	1443
李学智	6	29	第四次借口粮每人10斤	1750.	1750.		
郭占云	6	30	卖出牲口料市价40斤已喂16		40. 16.		
玉兴田			今日报来换晚稻种20. 用麦25斤		25.	-0-	7185
李学智	7	1	入联合麦种3640斤实入3610斤	3610.		3610.	
李学智			场内存 （兴田报来）	7650.		11260.	18445
			累 计 收 入	18445.			
玉兴田	7	P	采购小麦料 兴田报来		37.		
" "	7	12	采购小麦料		82.		
郭占云	7	15	卖高价小麦1232斤 郭占云48万2126元		1232.		
" "	7	15	卖冷山茶715斤 因借以交		715.		
" "	7	15	兑换豆种占云等领		824.	10884	
			张改名作				

亲说这是公家的,你不能用。然后从兜里掏出钱让我去商店买。我说这不都是用你身上的钱买的吗?父亲说:"这不一样,桌上的本是我用公家的钱买的,是记账用的;我给你的钱是咱自家的。"通过此事我明白了公私分明的道理。

父亲任会计时间长,账本又做得规矩、认真,在当时的平城公社是出了名的。那个时候各种检查评比较多,有农业生产评比、农田水利建设评比等,也有会计财务评比,评比时父亲的账总是受到公社干部的表扬。父亲在世时,我与他说起现在农村财务片账、乱账比较多,问他过去把账做得那么规矩,是不是跟那时的检查多有关。父亲说:"是,也不全是,只有把账记得清清亮亮才不会有贪污腐化的事情发生。在那个时候,贪污和乱搞男女关系是最丢人的事,这两样沾上一点,全家老少在人前都会抬不起头来。再说账上的数字都是老百姓的血汗钱,干事得凭良心,一分一厘都不能出错。"

没有想到,父亲也曾经被人告过状。那是在泥沟公社成立后,一个不常参加生产劳动的社员因为分红少,恼羞成怒,跑到公社告父亲贪污。公社很快派来了几个干部,一下子兜走了父亲十来年的账。家人都很担心,当时父亲说的话我至今记忆犹新:"我身正不怕影子斜,脚正不怕鞋子歪,都只管放心吧,随便查都没事。"调查组走访社员,内查外调了几个月,最后把父亲叫了过去,说:"何会计,你的账没有大的问题,就是现金少了一分钱。"父亲说:"我的账一分钱也不会错。"回到家硬是从抽屉的缝隙中把那一分钱找了出来。调查组让父亲把账拿走时,父亲提出希望召开队里社员会还他个清白。后来公社驻队干部借着召开全村社员生产大会之机,对父亲做出了公正评价,证明了父亲的清白,也驱散了全家人头上的乌云。同时,对告状人不务正业、干活拈轻怕重、三天打鱼两天晒网的懒汉行为进行了严厉批评。

父亲三年前驾鹤西去,我整理父亲的遗物时,特意把父亲保存下来的担任生产队会计时既工整又详细的账本留下几本作为纪念。

珍藏父亲的账本,对我而言,其意义不仅在于上面详实地反映了二十世纪大集体时农村的土地、人口、家庭收入、农业种植结构、农作物产量、物价等时代状况,具有一定的文史资料收藏价值,而且上面每一笔收支,哪怕小到几角几分,从时间、经手人到相关事由都记录得清清楚楚、明明白白。彰显了父亲认认真真做事、清清白白做人的一贯作风,是难得的精神财富。父亲的账本,堪当家风家教传家之宝。

(作者单位系中共杞县纪律检查委员会)

言传身教树家风,潜移默化育新人

车世堂

在一些拥有良好家风的家中会悬挂着"耕读传家久,读书济世长""成事成名成伟业,立人立德立家风""天地万情和至贵,古今百善孝为先""非淡泊无以明志,非宁静无以致远""常将有日思无日,莫待无时思有时"等这一类的对联。好的家风是一种无形的力量,潜移默化地影响着子女的成长,这种力量无声却刻骨铭心,如化雨的春风滋润着全家人的心田。

我的家庭是严父慈母型的,我对孩子的要求非常严厉,几近严苛,并以自己的言传身教影响教育子女尚节俭、爱劳动、善读书、重品行、懂礼貌、知感恩。妻子是贤妻良母型的,性情温顺,说话慢条斯理,教育子女循循善诱,我们夫妻俩宽严相济,形成了互补。

我的家境很差,一般较差的家境是从零开始,而我的家境是从负数开始。本来就很差的家境,随着妻子的下岗更是雪上加霜,节俭成了我们的第一要务。我们教育孩子从小就要勤俭节约,不和别人比吃穿,靠自己一双勤劳的手撑起家中的天。男孩子泼皮,鞋子、衣服容易破损,每当儿子衣服烂了,他要说的话是"妈妈,我的衣服破了,给我补补吧",而不是"爸妈给我买件新的吧",更不会哭闹着让给他买新衣服。有时领着孩子上街、逛商店,孩子从不主动提出来要吃要穿,当我们看到自己的孩子两眼呆呆地看着他想要的东西时,我们很是心酸,总会挑便宜点的给他买一些。每当此时,儿子都会欣喜若狂,如果买的是吃的,他都会让我们先吃,我们只能说爸妈不喜欢吃,让他自己吃。

为了解决家庭日渐拮据的困苦局面,妻子开始做小生意,摆地摊卖过水果,卖过学生用品,日出而作,日暮方归。每当夜幕降临,孩子做完作业都会蹲守在家门口等着妈妈的归来,看到妈妈回来的身影,都会喊着妈妈,跑到妈妈身边,帮妈妈推着三轮车,到家后争着干这干那,并问妈妈累不累,今天的生意好不好,晚饭后围着妈妈撒娇、嬉闹。

有时候由于工作忙我没时间回家给孩子做午饭,儿子就想办法自己解决。记得那年儿子7岁,妻子一如既往的出摊了,我也下乡了,中午没办法回家,儿子第一次下面条。他买来面条,把锅放到煤火上,添了四碗水,然后把面条下锅里,放了少许的盐,盖上锅盖,就在锅里煮,等锅里的水沸腾起来,他也像大人一样,拿双筷子,掀开锅盖去抄面条,可锅里哪还有面条啊,全都成糨糊了。晚上,我们回家吃着儿子做的糨糊,尽管难以下咽,可我们还是吃完了,并夸奖儿子会下面条了。第二天,我做面条时把他叫到跟前,给他讲解下面条的方法步骤。现在儿子也成烧菜做饭的一把好手了。

在教育子女学习的过程中,我是非常严厉的。从上小学开始,我要求儿子每天必须完成作业,培养他学习的态度。有时作业多,我们都一直陪着他把作业做完,经检查一切合格后才能休息。小孩子都有贪玩的习性,有两次,儿子为了早点完成作业,字迹潦草,马虎应付。我检查作业时发现了这一问题,随即把他当天做的作业全部撕掉,让他立即重写。就这样撕过儿子两次作业后，他再也不敢字迹潦草了，直到现在他写的字都是工工整整的。

严教就要身教。为保持家庭良好的学习环境，在我的记忆里，家中从没有摆过牌摊，妻子到现在也不会打牌。我们夫妻和睦，孝敬父母，尊敬老人，与亲邻关系和谐，让孩子生活在良好家风的氛围中，培养他的性情和品格。

我们不仅对孩子进行良好的家教，同时，还定期与孩子的老师保持交流和沟通，时刻掌握孩子的学习情况和思想动态。记得儿子上高三时，我出差了，妻子也外出学手艺了，未能与老师及时沟通，两个月时间，儿子学习成绩下滑严重。我跑到学校与儿子的班主任及其他任课老师一一见面，了解他学习成绩下滑的原因。经了解，儿子那段时间不注意听讲，上课时看小说。星期天儿子放学回家，我一脸严肃地问他："为啥最近成绩下滑严重？"他以为我不了解他上课时看小说，向我撒谎说："最近学习压力大，休息不好，听课精力集中不起来。"我一听他竟然这样说，顿时火冒三丈，踹了他一脚并给他说："很快就要高考了，现在是决定你人生命运的关键时候，你不好好学习，还学会向我撒谎了，快把小说交给我！"他看我掌握了他的近况，又被我抓住了撒谎的把柄，哽咽着说："爸爸我错了，我现在就把小说拿回来，以后把全部精力都用在学习上。"今年春节儿子从杭州回来，我们在吃年夜饭时，儿子还记得我踹他的那一脚，并说："爸，是你那一脚把我踹醒了，要不是你那一脚，别说能考上一本了，就是三本也很困难。"

由于家庭管理到位，两个孩子一直都很优秀，儿子大学毕业已工作3年了，女儿也上大三了，而且是学生会干部、预备党员。

看着两个孩子健康茁壮地成长,我们以前吃的苦受的累又算得了啥呢,心里感到很欣慰,值!

家是最小国,国是千万家。习总书记在2015年春节团拜会上指出:"家庭是社会的基本细胞,是人生的第一所学校。不论时代发生多大变化,不论生活格局发生多大变化,我们都要重视家庭建设,注重家庭、注重家教、注重家风。"家庭建设影响着社会建设,好的家风影响和带动好的社会风气,好家风就是一种正能量,如果我们每个家庭都有一个良好的家风,那么社会的良好风气就会发扬光大,中华民族的优良传统和作风就得以弘扬和传承,文明古国的文明程度就会进一步提高。

(作者单位系杞县机关事务管理局)

把公家的活儿当成自家的干

许维涛

我是一个贫寒农家出身的子弟,幼年丧母,勤劳朴实、目不识丁的老父亲土里刨食辛勤拉扯我长大。中师毕业后,我成了家里包括近亲属中唯一一个跳出农门的幸运儿。参加工作30年来,无论在学校、乡镇、企业、机关哪个岗位上工作,我都始终牢记父亲对我说的话:"把公家的活儿当成自家的干。"更加幸运的是,工作后经历的单位领导、同事大都非常优秀,凡是"把公家的活儿当成自家的干"的人事业发展都比较顺利。

在我童年的记忆中,父亲总是在地里、家里辛苦劳作,日子虽然清苦,但非常支持我读书习字。在我考上初中时,邻居劝父亲说:"你家已有一个孩子在上高中,小四就别再上了,要不怎么负担得了?"父亲一口拒绝,他对好心的邻居说:"家有千千万,不如有个读书汉!只要孩子愿上,我们就供。"在父亲种地谋生加上哥哥外出打工的支持下,我以全县第四名的成绩考上了中师。参加工作后,每次回家看望他老人家,他总是叮嘱我:"上下班骑自行车要慢,注意安全;在单位要好好干,不偷懒,不要奸,把公家的活儿当成自家的干;在家要照顾好妻子、孩子,搞好邻里关系,不要挂念我。"父亲还会在田里特意留出一片地,种些花生、瓜果等城里罕见的农产品。待到收获时,他总舍不得自己吃,而是像宝贝似的收藏起来,留着待我回家捎给我的孩子吃。

良善家风惠久远

刚参加工作时,我在程寨中学教书。有一个老教师高书华,他从事教育工作几十年,兢兢业业,克勤克俭,他那"把别人家的孩子当作自家孩子教"的工作理念,深深地影响着我,鼓励着我,使我20多岁就走到了学校领导岗位上。

在明星企业开封市第二粮食机械厂工作的几年时间里,我亲身经历了该企业从一个名不见经传的小乡镇企业走向全国同行排头兵的历程。有一年冬天,我和时任厂长赵茂盛在厂房检查工作,发现一个烧锅炉的师傅为了使锅炉火烧得大些、快些,让工人尽早喝上热水,就将堆在废料旁边还可以用的木料顺手塞进了炉膛,赵厂长大发雷霆,对着师傅怒吼道:"你这是糟蹋公家财产!对待公家财产要像自家的一样爱护、珍惜,企业才能发展。"事后我从别人口中得知,该师傅是赵厂长的亲堂弟。赵厂长罚不庇亲,就算是"自己人",犯了错误仍然会受到严厉的批评。开封市第二粮食机械厂正是有了赵茂盛、魏思义、鲁继领、王部堂等一批"珍惜公家财产像自家的一样"的老职工和好传统,才能有至今数十年效益经久不衰的辉煌。

蒙组织信任和厚爱,近年来我到杞县高中任职。在这里,我不仅切身感受到了高中教师每天早晨5点起床上班、晚上9点下晚自习的辛苦,更再一次体验到"把公家的事儿当成自个儿的干,把别人家的孩子当作自家孩子教,没有干不好的工作"的道理。"问渠哪得清如许,为有源头活水来。"杞县高中自建校60多年以来,之所以成绩能够一直稳居全市全省前列,正是有了魏润田、左宪信、张兆平、朱培林、孙家升、李树生、乔幼轩等一大批优秀老领导、教师和优良的家风、校风的原因。

一个家庭、一个单位、一个国家、一个民族的家风和传统可以决定其兴衰成败。一个人对公事、私事的态度,可以反映出其责任心和使命感,对办好事情、个人成长至关重要。"把公家的活儿当成自家的干,没有干不好的工作"是我奉若至珍的传家宝。

(作者单位系河南省杞县高中)

良善家风惠久远

父亲的教诲

葛姗姗

远远地看见父亲佝偻着腰,拄着拐杖站在斑驳的大门前,眼里噙满笑,我家的大黄狗安静地蹲在他身旁,我欣喜若狂地奔向父亲开口喊道:"爸爸!"可是,他和大黄狗的身影渐渐模糊起来,只听见他说:"你和你弟弟过得还不错,爸爸很放心。"这又是一个梦,我眼角湿润。父亲,我们过得很好,我记得您的每一个教诲。

父亲说:"乐于助人能让我忘记寒冷。"

父亲是一名教师,他的好文采在我们村是出了名的,并且写得一手好字。奶奶总说:"你爸爸啊,是我这几个孩子当中学习最好的,最让人省心的,但他非得接你爷爷的班,要不,他肯定能上个比你两个叔叔的学校更好的大学。"记得小时候,一过腊月二十,父亲就把家里的方桌擦得干干净净,摆上毛笔、墨水等待四邻的到来。以前不像现在,过春节可以直接从市场买回花样繁多的春联。那时,大家都是买回来几大张红纸,找村里毛笔字漂亮的人写对联,父亲就是俺们村子里那个写对联的人。腊月二十之后,村民们就挟着整张的红纸陆陆续续来到俺家。"哥,俺家一个大门,两个小门哈。""叔,俺家的第一个送来,先给俺家写。""兄弟,俺家恁侄儿腊月二十六结婚,可别耽误喽。"父亲愉快地答应着,在红纸的背面记着各家的名字,按顺序整整齐齐地

父亲的教诲

码在早已准备好的蒲席上。父亲坐在方桌前,先把红纸剪裁好,然后,拿起毛笔,蘸一下倒在碗里的墨水,再把饱浸墨水的毛笔头轻轻地在碗沿剐蹭几下,沉思片刻,落笔抬笔,一气呵成。

父亲写对联很少照搬照抄,他喜欢自己思考出来的独一无二的祝福。父亲写起对联常常一坐就是两三个小时,冬天那么冷,父亲的手和脚总会在这几天生出冻疮。"我说,你啊,就是傻,大家让你写对联,不给你一分钱,有时连根烟都没有,你还冻得不行,你图啥啊你,你那腿和腰能受得了?哪胜帮我烧个锅啊?"母亲看到父亲手上的冻疮和那更弯的腰心疼地抱怨。"这你就不懂了吧,我暖和着呢,心里暖和!帮助邻里会让我忘记寒冷,看着他们拿着我写好的对联高高兴兴地回家去贴,那生个冻疮有啥啊!哈哈哈,是不是,姗姗?"父亲把目光转向我。我永远记得父亲因帮助别人而自豪的表情。

父亲说:"认真负责,干好工作。"

从我记事起,父亲的腰就是弯的。听奶奶说,父亲二十来岁就得了强直性脊椎炎,那时不懂这个病,治疗晚了,脊椎变形。我上初一时,父亲的腰已经差不多呈九十度弯曲了。当时父亲在我们泥沟一中教数学,教我所在的班级。我清楚地记得父亲上课时的一举一动。因为走路比较困难,父亲总是比别的老师提前到教室。上讲台时,他一手扶着墙壁,先迈上去那条相对比较灵便的右腿,然后再用手摁住腿,使劲地迈另一条腿。讲课时,板书多,对父亲来说,这也是最难的。因为即使他踮起脚写字,最高也只能够到黑板中央。他的颈椎也已经强直,只能小幅度地扭动头部。每次板书完,不能像别的老师一样侧身讲课,只能整个身子转过来,需要板书时,再扶着黑板转过去,一堂课就这样反反复复艰难地转过来转过去。即使是冬天,父亲也会累得满头大汗。等到下课,父亲连路都走不成了,只能坐在凳子上歇几分钟再起身,每次都几乎是踉踉跄跄地走出教室。看到父亲这一走一斜的背影,我心里总如针扎般难受。终于,我忍不住问父亲:"爸爸,你上课不会坐凳子上讲吗?你不会少写点板书吗?""闺女,你爸爸的腰弯成这样,和你高度差不多,我坐凳子上讲,估计大家都看不见我了。"父亲自我调侃过后又语重心长地说,"姗姗,你记住,只要我工作一天,我就认认真真一天,身体不好不是不认真的理由,无论干什么事都是这样,克服困难,认真对待自己所做的事。"我心疼我的父亲,可看着父亲那执着的眼神,我还能说什么?

父亲说:"做儿女要孝顺,不要嫌弃自己的爹妈。"

我大四那年,父亲得了急病,出现幻觉,胡言乱语。他会指着窗户说:"姗姗,你看,那有几个演员在演戏。"他会指着空无一人的院子说:"姗姗,你看,你妈在和谁说话?"他会指着墙壁说:"姗姗,你奶奶咋哭了?赶紧去问问。"我们小心地伺候着父亲。一天早上,母亲把饭做好摆在院里的桌子上,我给父亲倒好水,挤好牙膏,父亲就在院子里的桃树下刷牙。厨房里传来弟弟吼母亲的声音:"我的事,不用你管恁多,你又不懂,瞎操心。"这时,只听"咣当"一声,我惊得看向父亲,只见他把握在手里的杯子使劲地摔在了猪圈墙上。"小兔崽子,反了你了。"父亲边骂边拄着拐杖趔趔趄趄地朝厨房走去。我赶紧搀着父亲安慰:"没事儿,爸,没事儿。"弟弟和母亲听到动静也急忙从厨房走出来。

"咱爸怎么了,姐?爸,你是不是哪儿又不舒服了?"弟弟话音刚落,父亲的拐杖就毫不留情地砸在了弟弟的背上,弟弟疼得咧了一下嘴。父亲瞪着眼睛,举起拐杖又狠狠地打在弟弟的肩膀上。"我还没死呢,你就开始和恁妈犟嘴了,你翅膀硬了是吧?"我和母亲以及弟弟对望了一下:父亲变清醒了吗?"爸爸,你先坐下。"我拉了把椅子过来。父亲坐下叹了口气说:"我得了不好的病是吧,我告诉你俩,无论到什么时候,都要孝顺,不要嫌弃自己的爹妈,假如我不在了,一定要孝顺好恁奶奶和恁妈。"我和弟弟哽咽着使劲点点头。再之后,父亲仍然说胡话。

父亲说:"做人要乐观,才能看到更多阳光。"

就像我上面说的,父亲的腰弯到将近九十度,颈椎强直,不能抬头,不能左右扭头,走路一高一低。我上小学时父亲还能骑车子带着我,我上初中时他只能步行,我上高中时他只能依靠拐杖行走。可我的父亲从不消沉,从不唉声叹气。每隔四个星期,我从县城的高中回家,总能看到父亲站在家门口笑眯眯地等着我,而我看到夕阳下父亲那瘦小佝偻的依靠拐杖才能站立的影子,就会笑着笑着流下泪。我想等我工作了,我会尽我所能减轻父亲身体上的痛苦。可是,我的父亲在我大四即将毕业时得了急病,意识不清,胡言乱语。最后检查结果是多发性骨髓瘤,恶性。我感觉我家的天就这样塌了,我还没毕业,弟弟也才读大二。我抱怨生活的不公平,让我父亲不停地遭罪,父亲那苍白的脸、大把大把掉落的头发、深陷的眼窝深深地剜着我的心。而我的父亲他是那么的坚强乐观,无论多么难受疼痛,在我们面前,在亲朋好友面前,他永远在笑。他安慰我们:"这有什么,谁不得病,谁没有生老病死啊!我还不害怕,你们有啥怕的!"每次化疗,都相当于在死神面前走一趟,本来就身体不好的父亲在一次次化疗过后体重只剩八十多斤。同病房的病友都是绷着脸,怨天尤人。而我从来没有听见父亲叹过气,父亲仍和平时一样,坚持每天看新闻,和我们聊学习、工作、生活……

2014年春节父亲病重,我赶到医院时,父亲身上插满了管子,高烧到40度,拉着父亲滚烫的手,我泣不成声……父亲艰难地抬起手帮我擦了擦眼泪,可我的眼泪越擦越多。他使出全身力气笑了笑,用微弱的声音说:"姗姗,你和你弟弟不用太难过了,我走了,就不痛了,不是吗?不要因为我一直有病就觉得生活对我们一家不公平,不要因为没有了我这个爸爸就觉得没有了一切,乐观地对待生活,你才能看到更多的阳光,对吧?善待你的妈妈和奶奶。"我想忍着眼泪,可嘴角抽搐得厉害,我还是掩面痛哭起来。对不起,爸爸,我实在扯不出你想见的微笑。

爸爸在大年初五离我们而去,年仅50岁。80岁的奶奶坐在爸爸的棺材前说:"儿啊,你让妈白发人送黑发人啊!妈不难受,你苦了一辈子,疼了一辈子,以后就不疼了,不苦了。你啥事都看得开,放心,妈也看得开。"我悲不能自已,放声大哭。

我再也没有父亲了,可我的父亲又一直都在。父亲的谆谆教诲是我一辈子的财富。有父如此,我才能宽容无私,善待他人;有父如此,我才能在做每一份工作时,都兢兢业业,尽职尽责;有父如此,我才能在生活中积极向上,明理乐观。可以说,我对生活、学习、工作的态度无不得益于我的父亲。

你们知道吗?再梦到父亲,我是笑着醒来的。

(作者单位系中共杞县纪律检查委员会)

桐花之美永相随

邵金忠

平生最爱桐花,既有对她质朴幽香的礼赞,更有对她形而下的眷恋。她在我的记忆长河里,有着极具回味的幸福之恋。每到阳春季节,豫东平原上仿佛刹那间冒出一株、两株、数株粉红色的花树,宛如碧海蓝天中的一朵云霞,是那样的光彩夺目,万顷绿中点点红,大自然描绘出的画面让人眼热心动。那是泡桐树花,从不择地而生,路边田埂和坑塘边都有她的芳容,她不需浇水施肥,也不需培育呵护,根植于大地之中,紫红白相间的色调,状如喇叭形的花儿,一嘟噜一串串的缀满了铁杆枝头,一树树繁花就像一朵朵绚丽的云霞,呼吸着八面来风,沐浴着万缕阳光,开放在蓝天下,灿烂在大地间,让美丽装扮着春天,把幽香洒向人间。

桐花有着乡村秀姑式的天然之美,她将自己灿烂的风采、无私的情怀展示给家乡的土地和人民,给空旷的原野和偏僻的乡村平添了一抹充满希望的生命色彩,为清寂平淡的农家岁月带来了春天的温馨和抚慰。她是天空绽放的一朵云霞,她是农民心中的一幅画。站在花团锦簇的桐树之下,我的思绪随着桐花的缕缕清香而溢远飞扬,心中灿然开出另一朵光艳明丽的桐花来……

她就是从小陪伴我长大的外祖母,一位地道的农村妇女,说

良善家风惠久远

不上漂亮却很朴实,不善言语却能吃苦。她个子不高,微驼背,不识字,却任劳任怨,用甘于奉献的品行赢得了家人和邻居的敬重。她一生忙碌,一天到晚,靠一双勤劳的手,把田里的庄稼侍弄得特好;下工后她常是最后一个到家,肩上背着沉重的草篮子,把猪羊喂得比别人家的肥壮;烧火做饭、涮锅喂猪、纳鞋缝补、收拾家务,总是把家收拾得有模有样。她很能搭憨吃亏,一副热心肠,且从不和邻居闹别扭,谁家有困难她总是能帮就帮,宁愿自家吃着又硬又苦的冻红薯片馍,也要把节省下的钱粮借给别人家孩子交学费或帮衬生病有灾的邻居吃个饱饭。外祖母还经常告诉我说,以后不管在哪里都要好好干,要能吃苦,要能吃亏,吃亏是福。

因外祖父在外工作,常年很少回家,每月几十元的工资虽能贴补一下家用,但在那个"红薯汤红薯馍,离了红薯不能活"的年代里,对于照顾全家来说,无疑还很困难。就是在那个盐水辣椒白萝卜当菜吃的年代,外祖母为了生计,也为了调剂生活,她爱上了桐花,几乎成了最爱,家里常年存放有晒干备荒的桐花包裹,悬挂在梁头下。每每看到她从包裹里小心翼翼地取出一把把陈放完好的桐花来,我就想到又有好吃的美味佳肴了。也是因了这一缘故,每到泡桐花开的季节,我们这些小朋友们聚集在泡桐树下,仰着一张张小脸,张着一双双小手,等待一阵风吹来,树上的泡桐花像雨点般打在我们的脸上,淋了我们一身的清香。采撷一篮篮盛开的桐花回家,外祖母或用滚水焯过后凉拌当菜吃,或用滚水焯过后把泡桐花摊开晾干,存放在防潮的塑料袋里,等过了泡桐花开的季节,想吃的时候拿出来用凉水泡开,再加入些红薯粉条,做成鲜美的包子吃。现在回想起来还是香香的,韧韧的,极有弹性。这在那个物质贫匮的年代,就是非常不错的佳肴了。

如今,随着改革开放的步伐不断加快,人们的生活水平提高了,粮油果蔬品种有了极大的丰富,人们不再去采撷泡桐花做下锅的菜肴,但她那独特的风味,那种生活的情趣,那种美好的口感却越发在我的脑海里留下完美的记忆,成为我记忆长河里的一朵美丽的浪花,成为我生活中极具回味的风景线。

外祖母的一言一行就是对晚辈们最好的教育,她那勤俭持家、乐于助人的优良传统,也在潜移默化地影响着我、教育着我,也因此得以代代相传。时间过得真快,转眼间我也很快就要步入知命之年,工作单位虽然几经转换,但始终是在办公室这个岗位上。办公室工作千头万绪,上为领导出谋划策,下为同志协调服务,还管着全局的吃喝拉撒睡,被戏称为"恶水缸",平时干活多、受累多、领导的批评也多,人家大都不愿意来办公室,可我如

良善家风惠久远

今在这个岗位上一干就是整整三十年。平时单位办事花钱,我都是精打细算,能省则省,能减就减,从不大手大脚。单位同志有什么难事,我都是热心帮助。

2008年汶川大地震发生后,我主动向灾区捐赠爱心款1000元,这钱在一个单位来说虽然不算多,但对我个人来说,就是那时我一个月的全部工资。回想起来,这些年我都坚守一个原则,那就是不论在哪里工作,不管做任何事情,都要摆正自己的位置,必须要尊敬领导、团结同志,艰苦朴素、吃苦耐劳,乐于助人、甘于奉献。在工作上我更是认真对待,一丝不苟,勤勤恳恳,尽力发挥好办公室上通下达的中心枢纽作用。

2010年新组建成立人力资源和社会保障局后,由于业务不断增多,工作量也随之不断加大,上级有关部门要材料、要报表、要台账等任务十分繁重,每天上下班我都是早出晚归,两头不见太阳,双休日基本上都没有过囫囵过。有时遇到突击任务,我和办公室的同事们在单位一熬就是一个通宵,渴了喝口纯净水,饿了就啃方便面,工作上虽然苦点、累点,但也得到了领导和同事们的认可,心里也感觉很甜。这些年做办公室工作,我还养成了一个习惯,就是每天下班临走前,一定要查看一下单位每个房间的电灯、空调和水龙头等是否关好,不检查一遍心里总感觉不踏实。工作上取得了一些成绩,这都是大家共同努力的结果,我个人也从没有以此向领导提过任何特殊要求。

细想,这都与外祖母的家风传承有着不可分割的关系。这些勤俭节约、助人为乐的中华民族传统美德,在不知不觉间已经融入了我的一举一动、一言一行。同时,这些良好的家风,也传承到了我正在上大学的儿子身上。在学校他不仅珍惜机会勤奋学习,积极参与学校组织的公益活动,兼职校宣传部工作,而且在生活上省吃俭用,从不乱花钱,常常把生活费节省下来,给予更需要帮助的同学,得到老师和同学们的赞许和好评。

今年春天,当我端起相机再次把镜头对准泡桐花时,倍感其美大焉,其香幽焉,其情也深,其意也重。进而我又怀念起已逝四年的外祖母,想起她留下了的优良家风,让我终身受用。想起她做的凉拌泡桐花菜,想起她做的泡桐花包子,我似乎又闻到了那种独特的香味来。想到她和长在原野里、开在天空中的桐花一样,有着一种内在的美、质朴的美、厚重的美,着实令人爱,受人敬。

祝千万朵桐花在春天里开满人间!愿我天国中的外祖母与春天常伴!

(作者单位系杞县人力资源和社会保障局)

良善家风惠久远

诗书传家

左红卫

一写下这个题目,我心中便有了几分敬畏、几分感恩,情不自禁地想起我的父亲和我的一双儿女,更难以忘怀那读书的风景与爱美的学问。

故事要从二十世纪三十年代说起。因"瞎字不识一个",祖父吃了不少被人欺压的苦头。为此,祖父不惜从牙齿上刮下血汗钱,让父亲5岁就启蒙私塾,到距我家一里多地的本姓爷爷家上学。父亲白天跟先生开蒙《三字经》《百家姓》《千字文》,稍长,背《古文观止》等,晚上常常就着豆油灯在祖母嗡嗡的纺花车声中,或描红,或背诵,常熬到眼皮儿酸涩难睁了才入睡。次日背给先生听,先生点头,算是过关,课读继续;先生摇头,那就惨了,若只是打手心,还能挨过,真正让他惶恐的是我祖母严厉的家法管教。一则荆条抽打。从家打到学校,再叫先生接着打,直到背会为止。为此,祖母特意编织的荆条把子,没少被调皮的父亲扔到房上。二则不让吃饭。要知道,对于尚幼的父亲来说,挨打还好对付些,更难忍受的是打罢还不让吃饭。见到此景,拖着疲惫的身子从地里劳作归来的祖父心里总不是滋味,常胸口急骤地起伏不定,好像比自己挨打受饿还疼痛。祖父虽然肯定祖母的狠心教子,但面对三代单传的儿子,不禁心中颤颤的,酸酸的。舐犊之情还是迫使着祖父趁祖母不注意时给我父亲偷馍吃。在这种传统的教育模式下,在祖父母严爱相加的管教下,父亲的童年生活在每天"缺乏安全感"中越来越不易地度过,但也迫使他专注于读书的态度越来越坚决。

读书是最廉价的高贵行为,在这一点上,人是平等的。父亲私塾课读结业后,凭着天赋聪慧,勤奋好学,再读新学直到中师毕业。他对秦汉散文、唐诗、宋词、元曲、明清小说等中华民族的瑰宝的认识逐渐深刻,由一个农家孩子,成为当时十里八村的学问人。他初任校长,又转区干事,再调县直机关,虽然工作岗位再三变换,可读书看报一直是他精神生活的依附,行文遣句成就了他人文生命的归宿。父亲仅在1950年至1959年间,就在《河南日报》上发表文章多篇;在主办《杞县报》(1958年改为日报)期间,发表以论文、通讯为主的多种体裁文章200余篇。其中有

1958年1月,父亲任职杞县报社副总编(主持工作)时的工作证

良善家风惠久远

很多篇章,具有思想性和指导意义,达到了一定的思想境界,曾受到地委宣传部领导的多次表扬和鼓励。当然,这期间也并非都是一帆风顺。一次,父亲以笔名左正在《河南日报》发表了反映本县一恶霸地主欺压百姓的整版文章,报纸被张贴到县城四门,读者大快人心。当同事看到后问父亲报道这样的事情就不怕邪恶势力的报复吗?父亲理直气壮地说:"我作为新华社陈留支社的通讯员,有责任铁肩担道义,况且,这篇文章实事求是,我不怕。"正是这样文以载道、以"文""化"人,使父亲一路风雨一路歌。无论是在县委办、县委党训班(党校),或是在县报社、县五中,其工作任职多与文字相关。因长年累月地以智慧的双眼守望知识的海洋,让高贵的灵魂行走在精神家园,父亲常被他的同事戏称为"左夫子"。直到离休后,潜心阅读书报、探究爱美的学问,仍是他必不可缺的生活节律。在父亲的夕阳年华里,常安坐书案前,或读书看报,或伏案静书,或凝视沉思……让书香充塞心灵,用钟爱浸润生活。那画面,色彩橘红,温馨从容。想来,这或许就是《两半月亮》的作者陈大威说的"有爱的人不会老,有爱的树木也许不会有年轮"。

爱好具有传染性。耳濡目染的,我也自小就培养起了对读写的兴趣,使我以后的漫漫求知路有了一个良好的开端。参加工作后,因长期从事文字工作,更加激发了我读书与思考同步、习文与"熏志"并行的热情。读书成了我快乐和智慧的源泉,使我的知识得到丰富,情感得到陶冶,境界得以升华。我有时很庆幸,因为与文相亲,让我从"治学三境界"中,学思多于真情;因为笔染于情,让我在"独立之精神,自由之思想"中,践悟素美的生活多出一道彩虹。每当读书有所得,忆旧有所感,思索有所悟时,我便会情思怡悠悠,心香纸上游,把一个个文字精灵串联起来,或自藏,或发表。由于不停地在所得所感所悟中,捡拾着工作生活中的缕光片羽,一路的拾掇,由少及多,竟也有百万字发表。继而也做出了些许成绩,获得国家、省、市级作品奖项20余个,并与人合修志书5部及其他书籍数本。这些都成了我在文乡度春秋的收获,可与人分享,也能自我激励。著书立说成了我的至爱与追求,也成了我与他人不一样的生活方式,我想父亲的心里总是盛满着喜悦和希望。

"新笋已成堂下竹",我的一双儿女自幼就被经典书籍中最为真实的思想和情感所吸引。女儿在青葱岁月,便偶得稿费收单,大学期间兼任校党委宣传部网编,诸般学校动态、读书心得、生活随感,拈手成文,散见于校网及诸媒,文如其人,飘逸细腻,诚朴可爱。女儿毕业后进入公务员队伍,愿为社会献出一己之力,诗书传家的家风得以绵延。儿子就读高三,也因文采多了几分气质,多了几分自豪。从叙事到抒情,从哲理到景象,从襟怀到见解,都能欣然将自己的情怀付诸词句间,学问与人品兼修。今年教师节,他以"曾经一语惊秋寒,笔底波澜。笔底波澜,破晓惊梦明阁轩;夜来相思周引缄,月出水间。月出水间,景做纸笔诉衷笺"的小令,赠予师者,令人欣慰。

家风的传递是生动的,也是与外界交融的。去年赴郑,在与相熟的书法家张守镇兄相聚时,他提笔写下"诗书传家",落款"请凤月叔指正"的楷书作品,嘱我转呈家父,权作他对老人家的问候与祝福。今年春节,原报社社长李金轩兄赠我"血流文脉墨韵芳,笋竹高节清风扬"的诗句,对我进行鞭策和鼓励,我想这也是对我们家风内涵的赞许与认同!

良善家风惠久远

可叹父亲竟于今年初夏病逝,年届 86 岁,一朝永别,阴阳两隔。我一次次在梦中重享父爱,重温我们诗书传家的故事,醒来空对满窗月光,常常牵扯起我的情思爱缕。是啊,父亲一生把自己浸润在读书的世界里,吸吮着流年浓郁的香;畅游在文字的海洋里,品味到岁月深深的暖。他在完成了自己的使命之后,静静地走了。但他笃行的"立身以立志为本、立志以读书为本,非志无以成学、非学无以成才"的家风内涵,却永远珍存在我们心中。

文脉伴着血脉传承,幸福着我们左家几代人。

(作者单位系杞县老干部局)

好家风让家庭幸福兴旺

张俊昌

奶奶黄氏是个大善人,她老人家一辈子行善,给街坊邻居看眼病、接生,给小孩扎虎口白都是尽义务的,从来没有要过任何人的报酬。还经常教育我们晚辈要积德行善,多做好事,不做坏事,为人处世要诚恳憨厚。奶奶经常挂在嘴边的一句话就是:"行好不见好,终究跑不了;作恶不见恶,终究跑不脱。"我父亲是个老实巴交的农民,精通庄稼活,并且干得又快又好。他还会做木工活和泥水匠活,给四邻八家修房盖屋、做家具,有时只吃人家一顿饭,有时连饭都不吃人家的,更不要说报酬了。老人家还经常教育我们弟兄几个说:"帮人如帮己,害人如害己。"严格要求我们兄弟几个一辈子只准做好事,不准做坏事。如果谁做了芝麻点儿坏事,他听说了都不愿意,叫我们做老实人,办老实事,说老实话。

我们弟兄三个几十年如一日牢记父亲的谆谆教诲,堂堂正正做人,规规矩矩办事。遵纪守法,干好本职工作。我大哥当过几十年生产队会计、大队会计,都是账目清晰,日清月结,光明磊落,从不贪占公家一分钱,两袖清风。大哥说:"国家的钱再多,不是自己的不能要。"我二哥当过生产队队长,从不搞特殊,他常说的一句话就是:"公家的东西姓公,不姓私,我只有带头干活的权利,没有占公家小便宜的权利,靠一双手劳动致富才是正道。"

良善家风惠久远

他是这样说的,也是这样做的。干集体的活晴天一身土,雨天一身泥,风里来,雨里去,以身作则。我是个小学教师,时刻把老父亲的教导牢记心间,时刻想着自己是个教育人的人,要光明磊落,为人正直,不能给老一辈人丢脸,要努力工作,恪尽职守,加强师德修养,切实做到为人师表,言传身教,爱岗敬业,无私奉献,认真钻研教材,精心培养下一代,争做一名合格的人民教师。

我也决心给儿孙们做榜样,常言说:"打铁还须本身硬。"时时处处严于律己,为人处世宽以待人,同时也严格要求他们"勿以恶小而为之,勿以善小而不为"。我的儿子在农闲时做小蔬菜生意,在我的管教下,同样做生意,别人赚大钱,他赚小钱,有时不赚钱,甚至还赔钱。每逢儿子做生意回家,我都严厉地教育他:"你可千万不能赚坏良心钱,千万不能坑人骗人,宁可赔钱也不能做亏心的买卖,你要老老实实,规规矩矩做生意,绝对不能搞歪门邪道。"儿子也给小孙子做了榜样,我的孙子正在上小学念书,也是遵守纪律,团结同学,刻苦学习,为人忠厚诚恳,不说谎话。

自从我记事起,从来没有见过我的父亲母亲和爷爷奶奶吵过架,全家九口人在一个锅里吃饭,都是和和气气,有说有笑。我母亲和我婶婶也处得像亲姐妹一样,亲亲热热。记得奶奶常对我母亲说:"你现在不惹我生气,孝顺我,将来你的儿媳妇也不惹你生气,孝顺你,这就叫作房檐滴水,点点不错。"在我十岁那年,奶奶得了一场重病,在床上躺了八个月,生活不能自理。每天都是我父亲和母亲轮流着用小饭勺耐心地喂奶奶,从不厌烦,数九寒天打开冰凌洗尿布从不喊冷。后来我们弟兄几个都长大了,也都娶妻生子成家了,也学着父母孝敬爷爷奶奶的样子孝敬他们，比着给老人买好吃的、好喝的，买穿的戴的。我的大嫂、二嫂和我的妻子，在我家的家风家教熏陶下，也对老人非常孝顺，几十年来从没有一个人惹公婆生气，妯娌们也都是一团和气，不争不斗。我的妻子通情达理，善解人意，尊老爱幼，可以称得上是个贤妻良母。她在当媳妇时，几十年就没和公婆红过脸，现在她又当婆婆十九年了，也从没有跟自己的儿媳妇闹过别扭，和街坊邻居也都是以和为贵，亲近友善。家里地里再忙，她从不耽误我的教学工作，在2017年3月，被县纪委、县妇联评为好婆婆。常言说"妻贤夫安"，我在妻子的大力支持下，长期坚持潜心研究伊尹文化，在2012年被载入新版中文版《世界名人录》，并被授予"中国古文化优秀传承者"称号，2017年，被评为杞县第二届敬业奉献道德模范。我的儿媳妇是个出了名的好媳妇。她聪明贤惠，尊老爱幼，勤劳简朴，孝敬公婆，已经来我家十九年了，从来没有和我们拌过嘴，生过气。并且和我的女儿张金金也相处得很好，她们姑嫂二人就像亲姐妹一样，亲亲热热，和和气气。我的女儿在我和老伴的影响与教育下，结婚后也经常受到公婆的夸奖。我的孙女结婚后，也成了个贤惠的好媳妇。

人是漂泊的船，家是温馨的港湾。亲戚邻居都羡慕我家，认为我家是真正的五好家庭、和睦家庭。给我家的小孩们提亲说媒，左邻右舍都帮好言，很经得起打听，都是一说就成。

耕读传家久，诗书济世长。近七十年来，我家的优良家风，就如同是房檐滴水，点点不错，生生不息，一直代代传承着。

（作者单位系杞县葛岗镇西空桑村小学）

良善家风惠久远

我 的 母 亲

许湘峰

　　我的母亲是一位普普通通的农村人，没有多少文化，可每当说起我的母亲，我的心中就充满了感激和自豪。

　　小时候，父亲在部队，母亲带着我们兄妹三人在农村老家，生活的重担都压在了她的身上。当时家里非常穷，温饱就是个问题，母亲从来没有抱怨过什么，白天带着我们去地里干活拿工分，晚上回到家趁我们睡着为我们做冬天的棉衣。母亲个性非常要强，宁可自己饿着、累着，也不向别人乞求什么。我那时候年纪小，看着别人家里有好吃的、有新衣服就向母亲要。母亲总是说："现在咱家没有好吃的、新衣服，等你长大了，好好干就会有了。"当时听不懂母亲的话，就哭、闹，因为这，我没少受母亲的"特殊教育"。

　　1997年12月，我应征入伍，母亲去武装部送我。母亲红着眼睛，泪水在眼里打转，拉着我的手依依不舍，但却没哭出来。她对我说："孩子你已经长大了，出去见识一下世面，在外不比在家，自己照顾好自己，在部队好好干，别丢咱家的人就行。"当大客车就要走的时候，母亲急匆匆地跑上车，塞给我一个黑色的塑料袋，头也不回就下车了。我打开袋子，里面有十元、五元的零钱，还有六个热气腾腾的鸡蛋，望着送行人群中的母亲，我的眼泪不由自主地流下来。

我的母亲

　　1999年我退役回到了家乡,由于安置工作不顺利,只能出去打工,又因为文化低处处碰壁,便感觉前途渺茫,整天无精打采,睡大觉。有一天晚上,母亲把我叫到她的面前,对我说:"孩子,别想那么多,你看就像咱家种地一样,一块地不适合种麦子,咱就种豆子,豆子不行就种瓜果,总有合适的庄稼,你想干什么就去干什么吧,只要下劲好好干就会有收获。"听了母亲的话,我心中亮堂了许多,又激起了斗志,决定一切从零开始。后来,我经民政局统一招录到交警大队,被分到城区中队当了一名交通协警。

　　交通协警的工作不好干,工资低,劳动强度大,无论是春夏秋冬都是风雨无阻,总的一个字就是累。我在心里面就打了退堂鼓,工作也没那么积极认真了。母亲看在眼里,放在心上,她把我叫到她的面前,让我站好,对我说:"这是你自己选择的工作,别三天打鱼两天晒网的,百事无成,让人看不起。记住世上没好吃的馍,只有吃得苦中苦,才能成为人上人。"母亲的话深深地打动了我的心,也坚定了我干下去的信心,让我端正了思想,我下定决心,要干就干出个名堂来。

　　人们常说:"思想是行动的先导,一个人的思想境界有多高,工作就能走多远。"我执勤的路口,紧挨大同小学、南关小学、县直幼儿园等学校,人车流量大,过路的老人和小孩特别多,交通压力不言而喻。针对此处的工作特点,我提前上班,延迟下班,无论多大的雨雪,都坚持到放学的每个学生安全走过马路。个别学生因为家长来接得晚,就会哭起来,我就走上前安慰他们,给家长们打电话,让他们尽快来接,实在联系不上的,就开着摩托车把他们送回家,亲自交给家人。在执勤工作中,我总结出

"四多"工作法——"脸上多微笑一点,手脚多勤快一点,态度多温和一点,遇事多解释一点",取得了良好的社会效果。

作为一名协警,我只是干了一些我本该做的工作,但组织却给了我至高的荣誉,我多次被评为市县"先进工作者"。2013年12月,因勇救小学生被评为"2013年感动开封十大人物",2014年2月光荣当选市十四届人大代表,2015年被市委宣传部评为"爱岗敬业道德模范",令我不安的是,我这个普通的协警,竟被大家赋予了"杞县最美交警"的美誉。

十八年的协警生涯,风里来,雨里去,早上顶着朝阳,晚上踏着月光。每当我带着满身的伤痛和疲惫,回到家中,和年迈的母亲坐在一起吃晚饭,听听母亲的唠叨,所有的不快都一扫而空,心中就充满了快乐,就有一股无形的力量激励着我在协警这个岗位上奋力前行。

感谢我的母亲生我、养我、教会我做人的根本,让我学会了坚强和坚持,明白了只要相信自己,努力工作,就会有成功的一天。母亲,我永远爱您,下辈子还要做您的儿女!

(作者单位系杞县公安局)

无言家风伴我成长

周良辰

家是人生起步的地方，是人生的第一所学校，良好的家风家教是一个人成长的基础。我从小生活在一个充满"书香"的家庭，父亲孜孜不倦、严谨笃实的学风以及与人为善、不计名利、艰苦朴素、勤俭持家的良好家风深深影响着我，让我在无声无息中受到潜移默化的教育，从而使我在人生的路上迈出了坚实的第一步。

父亲出生在豫东平原一个贫穷的小乡村，乡村的辽阔、空旷并没有让父亲养成无拘无束、桀骜不羁的性格。相反，与其他乡村孩子不同的是，父亲从小就喜欢读书，养成了独立思考、文静少言的性格。

父亲从小就与书结下了不解之缘。六岁那年，他与同村的孩子一道走进了学校。据奶奶讲，父亲从小就喜爱读书，入学没几年，刚认识几个字的时候，他就开始涉猎课外读物。当时书籍非常匮乏，最流行的便是诸如《红旗渠》《小兵张嘎》《地道战》等一系列的连环画本。为了能够读到这样的连环画本，他总是用爷爷奶奶给他去缯会上买烧饼或油条的饭钱买连环画。

父亲生活的那个年代，物质生活尚不富裕。为了改善家庭经济生活，家家户户都养了猪和羊，村里的孩子们放学后的首要任务便是挎着篮子到地里割草。而父亲却是一边挎着篮子，一手拿着书籍,常常是到天黑才草草地到地里割些草回家交差。因割的草少得可怜,父亲没少挨爷爷奶奶的呵斥和打骂。

父亲学习刻苦努力,当村里其他孩子落榜或辍学的时候,父亲却考取了乡里的重点中学,后来一路顺风考上了大学。在大学期间,父亲接触到更多的文学书籍,开始关注文学,并尝试写作诗歌,很快便成为校园诗人。

父亲毕业后被分配到杞县文物管理所工作。在杞县,他举目无亲,周六周日也没地方去。据父亲讲,在文物管理所的那段时间,他除了工作之外,大部分时间是在办公室和值班室度过的。青春就这样无声无息地滑了过去,没有花前月下的诗意,没有鲜花和掌声,只有《考古》《文物》等一本本专业书籍陪伴他。八年,两千七百多个日夜,父亲耐得住寂寞,耐得住清贫,把全部身心用在了治学研究方面,这为父亲以后研究杞县历史文化并取得丰硕成果奠定了良好的学术基础。我记事以后,发现父亲一回到家就会到卧室看书写作,几年来,先后在《中国文物报》《开封日报》《汴梁晚报》等发表学术文章五十余篇,出版了民俗文化专著《古代杞人的忧思——杞人忧天民俗文化研究》和历史散文集《杞地笔记》,可谓硕果累累,在省内外文史界获得了较高声誉。

受父亲影响,我从小也喜爱读书。每每父亲读书学习的时候,我便陪他无声地读书,成了他忠实的陪伴者。父亲桌案上的《莽原》《诗刊》等便是我常翻的书籍,尤其是父亲桌上的历史文化方面的书籍,虽然有点生涩,但在父亲的指导下,我读得蛮有兴趣。书中那些生动的历史事件,成了我以后写作的素材和论据。

父亲给我带来的不仅仅是浓郁的家庭学风，更为重要的是父亲一生与人为善，不计较名利。不管是单位同事或是邻居，只要谁有了困难，父亲总是想方设法去帮忙。记得有一次，《汴梁晚报》征集"文姬酒"广告词，父亲思路一开，写出了"滴滴文姬酒，浓浓思乡情"的广告语，竟获得了一等奖，奖金5000元。这钱，父亲没往家拿，他想到了和他一同工作的同事。这些年，大家伙儿跟着他没少忙活，文化下乡、广场演出、送图书下乡等等都搞得轰轰烈烈。为了表达对大家的谢意，他用这些钱买了几十箱酒，全分给了单位的同事们。父亲这种崇高的境界潜移默化影响了我，让我受益匪浅。在我上学的这十几年里，我乐于助人，时常把省吃俭用攒下来的钱接济穷困的学生，也受到了学校老师和学生们的一致好评。

父亲一生艰苦朴素、勤俭节约。平时在家吃饭，不小心掉到餐桌上的菜，父亲也会夹起来吃掉。我很不理解父亲这种举动，父亲便告诉我："好多山区孩子还都在温饱线上挣扎，我们绝不能浪费一粒粮食。"这些生活中的小事，虽没有高深的道理，却无时无刻不感化着我，让我懂得了"谁知盘中餐，粒粒皆辛苦"的真正内涵，也让我明白了艰苦朴素、勤俭节约是治国治家的传家宝，弥足珍贵。

无言家风伴我行，父亲孜孜不倦、严谨治学、与人为善、克己奉公、艰苦朴素、勤俭节约的家风让我懂得了做人、做事的道理。它已潜移默化到我的骨髓，影响着我的一生。我会把它一直传承下去，让它影响后世的子子孙孙。

（作者单位系杞县县委巡察工作领导小组办公室）

良善家风惠久远

家塾课读

李海棠

那是二十世纪四十年代的事了。

为了生计,父亲在县城的中山北街开了一爿小店,卖些中西成药,号曰"健康成药庄",门旁立一木牌,上书"货真价实,童叟无欺"八个字,这不是一般的招牌幌子,而是父亲心底坚守的为商准则。

因家贫,父亲儿时仅读过两年私塾,小小年纪便被送到一个商铺里当学徒,经过十来年的节衣缩食,终于成家,并有了一爿小店立业。幸他自幼聪颖好学,凭着天赋和勤奋,在艰苦谋生之余,千方百计博览群书,经史子集,无所不读,渐至通古博今,又写得一手好字,兼之心地善良,性格平和,乐于助人,常为亲友邻人代写书信、喜帖、春联等,在小县城里,也算是一个口碑甚好的有学问之人了,乡邻多尊称他为"李先生"。

父亲个子高高的,面庞白净,眉清目朗,温和儒雅,常穿一袭黑布长衫,半旧之衣,总被母亲浆洗得干干净净,平平整整,虽是生意人,乡邻们都赞他颇有几分学究风度。

父母只生了我们姐妹二人,小妹又迟我九岁,所以很长一段时间,我都是父母怀中的独生娇女、掌上明珠,不仅百般疼爱,更是当作儿子一般教养——三岁起,就让我有模有样地入"塾"读书了。

家塾课读

塾者，旧时私人设立的教学场所也，如村塾、族塾等。家塾，顾名思义，是指设在自己家里的教学场所。过去，很多名门大户人家都设有家塾，聘请塾师在自己家里开馆授业，方便自己的孩子就读，或有族亲子弟也可前去从学。我就读的家塾，办学人是我父亲，课读先生还是我父亲，学生也仅我一人。

父亲开的那间小店便是我的塾馆。我称其为塾馆，并非牵强，因为在这里，父亲要求我认真地沿用了过去私塾中上下学的一整套师生礼仪。

当时我家租住在县府后街，是一座住有四户人家的院子，坐北向南，距我家开的小店约200米路。父亲每天五更即起，早早地上街开门营业，早饭都是母亲做好送去的。

等我在家吃过早饭，母亲便把我揽在怀中，拿木梳将我有着齐眉刘海的娃娃头梳得纹丝不乱，换上一套洁净的花布衣裤，拍拍我的头说："小乖乖,上学去吧。"这时,我必须规规矩矩地面向母亲深鞠一躬,并高声唱喏:"妈,我去学了。"然后,小手被母亲牵着,蹦蹦跳跳地向自家的小药店走去。途中遇到熟人多会羡慕地问道:"又送妮儿去学哩?"母亲便笑答:"是哩!"碰上雨雪或是哪天我使性子不肯走路,母亲就要抱着我,送到店里去,上学可是不能耽误的。

有一天,母亲要送我时,我却突然转了身子,噘着小嘴不肯给她鞠躬,眼睛里还涌动着泪花,鼻子一抽一抽的。母亲吓一跳,忙蹲下身子问:"妮儿,咋啦?"我带着哭腔十二分委曲样说:"你今儿个咋不叫我'小乖乖'哩?"母亲赶紧抱起我,在我脸上连亲几下,笑着说:"妈忙忘啦,小乖乖,你真是妈的小乖乖呀!"我这才破涕为笑,完成了辞母礼。这是长大后多次听母亲作为笑谈说起过的。

走进小店见了父亲,即是面见塾师,要执弟子礼。紧走一步上前,更是规规矩矩地深深一躬,再立正身子望着父亲朗声道:"伯(读 bai 音,当时杞县人家的子女都这样称呼父亲),我来学了。"父亲微笑着点头,说声"好",再把我抱到记账桌子前的木椅子上坐下。母亲完成了送学任务,就回家忙她的事情去了,我的课业便开始了。

先教认字。为教我识字,父亲自己剪制了许多两寸见方的硬纸片,每个纸片上用毛笔写一个楷体字:一、二、三、人、头、手……父亲由最简单的字开始,逐步向繁,耐心地教我一个个地认。每天只教 5 个字,第二天教新字之前,要复习学过的字。周六不教新字,自己复习。周日不去学,每天下午也不去学。周一把上周学的字认读一遍,算是小考。

大概是半年以后吧,在认字的同时,开始教背《三字经》《百家姓》《千字文》等一般私塾中常用的启蒙读物了。父亲觉得我当时识字还太少,怕我读本有困难,就不用本,只对我一句一句口授。"人之初,性本善。性相近,习相远。苟不教,性乃迁。教之道,贵以专。""赵钱孙李,周吴郑王。冯陈褚卫,蒋沈韩杨。""天地玄黄,宇宙洪荒。日月盈昃,辰宿列张。寒来暑往,秋收冬藏。"……父亲将其分成一个个小段,逐一教我背诵。

因为还要做生意,父亲也并不一直教我。有人上门买药,他就热情接待。来买药的大多是城里贫穷人家或乡下农民,家里有了病人,请不起医生抓不起大包的中药,就到小药店来买几片或是小包装的中西成药,花钱少,凑合着治病算了。父亲对这样的人特别体恤,总是认真地询问病情,耐心地告诉他们吃什么药对症治病,又能少花钱,并详细地交代用法、用量和注意事项等。有时买药人带的钱不够,父亲就说:"治病要紧,先拿走吧。"我常常看到有人病好后来向父亲道谢:"多谢您了,李先生。那小药真灵,一吃就好了。"有的还带来些花生绿豆、韭菜荆芥、南瓜红枣之类的鲜物,一定要放下。"都是自个儿地里长的,不花钱,尝尝吧。"父亲则总是说:"别,别,日子艰难,啥东西种出来都不容易啊。"每当这时,我的心里就充满了对父亲的敬重。父亲良善惜贫、怜弱助人的言行举止,在我幼小的心灵里留下了极其深刻的印记。

近午时分,母亲又会来接我。此时,作为"学生"的我,要向父亲——塾师先生鞠躬辞学:"伯,我走了。"到家后,还要再给母亲一鞠躬:"妈,我下学了。"这套礼仪一直持续到我年交七岁,正式报名上小学,家塾课读结业为止。正是这套塾读礼仪的习练,

良善家风惠久远

让我养成了至今见了自己的老师还必鞠躬礼敬的习惯。

入塾第二年，父亲又找来《增广贤文》《唐诗三百首》《笠翁对韵》等书本，先选出其中一些简短易懂的部分，教我认读并背诵。如"昔时贤文，诲语谆谆。集韵增广，多见多闻。观今宜鉴古，无古不成今"，"天对地，雨对风，大陆对长空。山花对海树，赤日对苍穹"，"锄禾日当午，汗滴禾下土。谁知盘中餐，粒粒皆辛苦"等。说来奇怪，我那时对背诵不仅不觉得枯燥，还特有兴趣，觉得双目微闭、摇头晃脑、咿呀有声的模样特好玩。虽然意思不能全懂，但多能很快熟背如流。父亲欣然，要求背的内容也就由少到多，由短到长。《木兰辞》《孔雀东南飞》以及岳飞的《满江红》等名篇都是那时熟诵的。

两三年过去，我除了背诵一些诗词文章外，竟还认得了两千多字。读过的方字块码了一纸盒子又一纸盒子。邻居亲友见了都夸我聪明，说长大一定有出息。父亲自然非常高兴，脸上常露出欣慰的笑容。

五岁时，增加了写字练习。先是要求我一天写一张大楷，这是一种很要功夫的作业，比背书难得多。家里有父亲用的砚台和墨锭，他又特为我从街上买回一个小圆铜墨盒，里面放一小团压成薄片的丝绵，再买来毛笔和成刀（旧时100张纸为一刀）的棉麻纸，并将纸折叠裁剪成现在的A4纸样大小张页，再用针线装订成册。

父亲先教我如何磨墨，如何将磨好的浓浓的墨汁倒在墨盒里的丝绵上，要不多不少让丝棉刚好浸饱。再教如何端坐，握笔，醮墨，愍笔等等，一招一式都给我细讲细教，这恐怕也是一般私塾先生很难做到的。

开始写大字,父亲让我"描仿"。他先用楷书给我写好"字帖",放在一页纸下面,棉麻纸是半透明的,由六寸长的铜镇尺压着,大字帖放在下面看得很清楚,我便照着下面的字一笔一画地仿描。父亲给我写的第一张字帖是"一去二三里,烟村四五家。亭台六七座,八九十枝花"。吟诵起来朗朗上口,且意境很美,故我至今不忘。

　　但起初描仿也描不好,总是把横平竖直写得弯弯曲曲,像蚯蚓爬。我怯怯地望着父亲,怕他生气。但他不,他常在生意空闲时站在我身后,弯下腰,右手轻轻握住我的小手,一笔一画地教我横、竖、撇、捺、点、勾、折,怎样起笔、运笔、收笔。边写边讲,一遍又一遍。每天下学时我将写好的字交给父亲,第二天父亲再给我时,写得好的字已被画上了红圈。当然红圈越多,我心里越高兴,那就是父亲对我的肯定和表扬呀。渐渐地,一张大楷,变成了两张、三张,还加上了小楷习字作业。一天又一天,日日不辍,我写的大楷和小楷本,也堆叠起了一摞又一摞。

　　及至六岁,又增加了算术。父亲未进过学堂,可能是没学过加减乘除的公式吧,他教我学写"洋码"(即阿拉伯数字)1、2、3的写法和十位、百位的表示法之后,便开始教我用算盘来进行运算。"一上一,二上二,三下五去二,四下五去一,五去五进一十……"背口诀,拨算珠,加减乘除,由浅入深。父亲讲得细致耐心,我学起来也并不觉得太难。他有时拿些小账目来考我,我若能噼噼啪啪很快打出结果,父亲摸着我的头,笑着说声"好",便是对我的奖赏了,我小小的心里顿时美滋滋的,小嘴儿便笑成了上翘的月牙儿。

　　与一般私塾先生不同的是,父亲从不大声呵斥我,更未打过手心,声调总是那么亲切温和。课读中,他对我多是表扬鼓励,几乎没有过批评。记忆中,我也从未见过父亲和别人,包括和母亲大声红脸怒目地争执过什么,更从未听到过他有半句恶言或半个脏字出口。有时母亲因我使小性子不听话,崩住脸严声责备几句,但母亲也绝对不会讲粗俗脏话,父亲在旁一定会款言制止:"别吵她,给她说道理嘛。"此时语调仍是温和的。历来塾中多严师,家中多严父,而我的塾师、家父却真是少见的温和慈祥。

冬日昼短,加之寒冷,天刚擦黑,街上已行人稀少。父亲便早早给小店关门上锁,回家喝汤。当时人民生活水平相当低下,晚不吃干,多是用红薯萝卜煮点稀米汤应付肚子了事,故其时所谓的晚饭就叫"喝汤"。父亲由于读书多,心里装满了故事。我常和同院的小孩缠着让他给讲,也多是有求必应。冬天的晚上听故事简直是我们最上瘾的事了。哪个小孩正在家里哭闹,只要他妈一说:"你李大伯开讲了,还不快去?"定会立马儿停闹,带着满脸鼻涕泪水就跑到我家来了。我的父母喜欢孩子,谁来都不烦。雪夜奇寒,母亲还会特地生起一小盆炭火,供我们边听故事边烤手取暖。母亲坐在旧八仙桌的一边,就着豆油灯做着她永远也做不完的针线,因为除了我们一家人的冬棉夏单、衣帽鞋袜外,她还要给别人家做些针工女红贴补家用,为此常熬到深夜,甚至通宵达旦。父亲坐在桌子的另一边,我们就在他脚下绕火盆围成一圈。"三娘教子"啦,"王祥卧冰"啦,"岳飞精忠报国"啦等等,都是我们百听不厌的故事。父亲慢语轻言,款款道来,孩子们一个个听得入神走相,痴迷的小脸被炭火映得通红,那含辛茹苦教子成人的三娘、卧冰求鱼救母的王祥、精忠报国的岳鹏举等人忠孝慈善大爱无边的光辉形象,也深深地刻印在我们幼小的心灵里了。有时父亲讲完一个故事,次日晚上,会要求我来复述给大家听,说得对说得好了,小伙伴们就会给我鼓掌。

父亲还在闲暇时教我唱了不少好听好记的小曲儿。夏天的夜晚,月光如水,银河横空,繁星万点,邻家的老老少少都喜欢坐在院子里乘凉。有谁喊声"海棠,唱个'打钉缸'吧",我望一眼父亲,见他笑着点头,就会立马儿去找一根三四尺长的秫秸秆扛在肩上,在院子里边唱边舞起来:"一根扁担光又光,挑着小挑儿游四方。挑着小挑儿走得快,抬头来到王家庄。王家庄有个王员外,他有三个大姑娘。大的名叫人人爱,二的名叫十里香,就数三的年纪小,起名就叫花海棠……"每一句唱词后还都要加唱一句"呀哟咿呀哟,呀哟呀哟呀咿哟"。"打钉缸"是当时一种十分流行的民间小调,欢快悠扬,很是好听。我一只小手扶住肩上的"扁担",另一只小手甩着,小腰扭着,小脚点着,走着台步,转着圆圈,时不时还会作一个扁担换肩状,活脱脱儿舞台上一个游街串乡的小货郎样。尤其"花海棠"正和我的名字相重,每唱到此,都会引来一片掌声和叫好,月光星辉下的父母,手摇芭蕉扇,常乐得忘掉了一天的辛劳。

课读四年,通过父亲教我识字,背诵诗词文章,说唱故事和小曲儿,我的智力开发和语言组织、表达能力都得到了很好的早期训练。一入小学我就常常参加故事会、演讲比赛,并屡屡得奖,各科学习成绩一路领先,多次获得全班第一、全年级第一。大小楷的习字作业亦常得"甲""甲上",甚至是"超"的批语。作文更是多受好评,几乎每次都被老师当作范文在班上讲评或选贴入墙报。从小学、中学到大学,历任班长、少先队大队长、学生会宣传部长、校报主编等职,颇受老师垂青和同学们拥戴。

良善家风惠久远

重要的是由于父亲的循循善诱,让我自小就培养起了对读书的浓厚兴趣,读书,成了我一生的最大爱好。这一爱好,使得我此生中的所有课余和工余时间得到了最好和最有成效的利用。二十世纪五十年代的杞县新华书店、县文化馆和县工人俱乐部的图书阅览室,都是我那时最常去的地方,学校里的图书馆就更不消说了,只要一书在手,立马全神贯注,再大的烦恼顷刻化为乌有,长坐不起,饥渴皆忘。

不管什么书,开卷有益,一点不假。爱读书,使我的知识得以快速积累,更让我终身受益。首先使我青少年时期的漫漫求知路有了一个极其良好的开端,为我顺利地入小学,进中学,升大学,一步步攀登知识高峰打下了坚实的基础。1962年,因国民经济极端困难,国家不得不压缩高等学校招生计划,全国升学比例猛然下调到7%,杞县五中5个毕业班,仅升入高等学校17人,这在当时的开封地区也是名列前茅的好成绩了。包括圉镇一中在内,全县毕业100多名女生,仅我一人收到了大学录取通知书,一时间,被县教育局的领导和众乡邻称誉为县里的"女状元"。

大学毕业参加工作,我先被分配在工厂,又转技术性事业单位,再被组织部门选调进省直机关,历任工程师、高级工程师、科技教育处处长等职,岗位再三变换,由于爱读书善学习,故而都能很快适应新的工作,加上勤勉敬业,竟也做出不少成绩,获取了若干荣誉和奖励,如农业部颁发的农机技术改进奖、农机科技教育先进工作者奖,国家技术监督局颁发的技术监督检验先进工作者奖,以及河南省人事厅特批的提升一级工资奖励等等,一再受到领导和同事们的肯定和好评。

而尤为重要的是,有幸儿时和父亲朝夕不离,在老人家亦父亦师的言传身教之下,"忠孝仁义礼智信"——中华民族优秀传统文化的这七字精髓,早早地就植入了我幼小的心田,潜移默化在我的精神和血液中,成了我终生行事做人的基本规范,不论立身何处,从未曾也不敢有丝毫逾距妄为之举,从根本上保证了自己一生要"坦坦荡荡立身,清清白白做人,踏踏实实做事"的期许。

我常常感念,我的人生路上这一切的顺利和荣誉的获得,无不与我自幼生长的家庭环境和良好家风的熏陶以及父母给予我的谆谆教诲密切相关。父亲给予我这个女儿的真的太多太多,尤其那四年家塾课读,实在让我受益终生。

现在想来,当年的课读内容和进程,定是父亲经过深思熟虑后精心安排的。既遵照了循序渐进的教学原则,又有效地顾及了儿童的趣味心理,把他的一腔心血化作春雨,以一种润物细无声的方式,将女儿的心田浇灌滋养,一步步丰富我的知识,开阔我的视野,提升我的精神,陶冶我的性情。看着我一天天长大,他的心里一定是盛满了喜悦和希望。

可叹父亲竟于1960年春病逝,享年仅53岁,其时我才上高一。教养之恩比山还高,舐犊之情比海更深,我还点滴丝毫未报啊,竟就一朝永诀,立时阴阳两隔吗?我怨天道不公,不佑良人!我哭,我喊,捶胸顿足,呼天抢地,却再也唤不回我至慈至亲至爱的父亲了!子欲孝而亲不待,铸成了我今生今世最大的憾事、痛事!呜呼哀哉!

父逝至今已近六十载矣!时间的远去,一点也不能消减我对父亲的感恩和思念之情。我曾经一次又一次在梦中重享父爱,重温父亲执手教我学步识字描仿背诗的情景,醒来空对满窗月光,禁不住涕泪长流。

我也曾一次又一次地对神祈祝:来生让我们再续父女情缘,还让我做父亲的女儿吧,请给我一个寸草补报春晖的机会!

谨以此文,献给我远在天国的父亲。

(作者系河南省省直作家协会会员)

父亲的诚信

周清怀

日光如梭,斗转星移,好多往事在时光里浮沉,逐渐变得模糊了,然而父亲诚实守信的一些故事,却在我脑海里愈来愈清晰,它像一朵朵浪花,开在时光的河流里,又像一股温煦的春风,温暖了少年的我,并影响了我的一生。

"再小的事也要当作大事去做,这样方显得尊重与真诚",父亲是这样说的,也是这样做的。有一件小事可为佐证。记得那是二十世纪七十年代末一个临近年关的冬天,当时正读小学的我已经放了寒假。一大早,父亲便把我唤醒,让我把储藏在院里的白菜扒出来,去绠上卖。白菜是我家菜园里产的,我是看着它们从小一点点长大的,哪棵白菜的大小,芯卷得结实不结实,我都一清二楚,我家的白菜不仅芯卷得结实,而且棵棵白中泛绿,像一个个翡翠。但好白菜父母是不舍得让我们吃的,而是砍下后便储藏在院里,准备年关时卖个好价钱,好置买年货。我们平时吃的都是长得蓬松的大青棵和剥落下来的绿帮子,或者吃白菜根(把白菜根刨出来腌成咸菜)。在那个年代,我们小孩子家都热衷于赶绠会,赶绠会可以疯玩一天,可以吃上几根油条或几个烧饼,如果手里有父母给的零钱,还可以到供销社买上一本连环画过过瘾。大人能让跟着赶绠会,真是个美差。

吃过早饭,我很高兴地帮父亲把卖白菜的车子装好了。那天,天公不作美,寒风凛冽,太阳在乌云里隐来隐去,仿佛随时都要熄灭的样子,但这也没有影响我兴高采烈的心情。缏会在我村的北面,距离我家有五里远。路上已有三三两两赶缏的人,他们和父亲打了招呼:"去卖白菜呀!"父亲回答道:"去缏上卖点白菜,置办点年货,快过年了。"

五里的路对我们来说并不远,我和父亲很快便到了缏会上。虽说天冷,但缏会上仍拥满了置买年货或卖年货的人。那时卖东西没规划的摊位和区域,我和父亲随便找了个不太拥挤的地方,把架子车停稳,把盖在白菜上的棉被单子掀开。我和父亲站在车前面,等着前来买白菜的顾客。因为我家的白菜又白又结实,架子车前很快围拢了一群人,这个捏捏白菜,那个问问价钱。父亲慌忙堆着笑脸向他们介绍我家白菜的优点,一大车子白菜瞬间就卖了一半。我和父亲稍微喘了口气,整理了一下车内被掰掉的白菜帮子。这时旁边有一个中年男子朝我们走了过来,这个男子衣着讲究,看样子像个乡村干部或者做生意的。他来到车前,用手捏了捏白菜,然后问价钱,父亲给他报了价,他没有还价,而是很爽快地说:"把这十来棵白菜给称一下,看多少钱?"父亲给他称了一下,报了价钱,那人对父亲说:"这十来棵白菜我要了,先把钱付给你,白菜存你这里,等会儿我回来拿。"父亲爽朗地回答:"好勒,我先给你放一边。"白菜卖得很顺利,不到中午就全卖完了,只剩下那十来棵存放在车上的。本来父亲预计卖完白菜后便领我转转,吃点饭,然后置买点年货回家。可因那存放的十来棵白菜仍在我们车上,我和父亲没敢动,怕一离开,人家来了找不到人。

等到中午,那个买白菜的人也没回来。那天的天气说变就

父亲的诚信

变,太阳干脆躲进云层里不出来了,北风更加凛冽,天上开始飘起了雪花,缞会上的人开始慢慢地减少。过了中午吃饭的时间,雪越下越大,缞会上仅剩零星的几个人,我和父亲又冷又饿,冻得浑身发抖,父亲看那个人仍没有回来的迹象,便对我说:"你看着架子车,我去买点吃的去。"父亲往缞会卖食杂的方向走去,二十分钟后掂回几根油条。我和父亲吃过油条,身上有了热量和力气,也不觉得那么冷了。但后来雪越下越大,缞会上只剩下我和父亲两个人了,那个买白菜的人还没有出现,我想那人是不会回来了,便对父亲说:"缞上已经没人了,估计那人也不会回来了,咱们回家吧。"父亲生气道:"人家的白菜在咱车上,咱走了人家来了咋办?不等于不守信用吗?"父亲和我说话的时候,不停地四处张望,也盼那个人快点回来,我没有再吱声,眼睛也不停向四周张望,希望尽快等到那人。

到了下午半响,雪越来越大了,天也越来越冷了,手脚都冻麻了,为了取暖,父亲对我说:"围着车子跑跑吧,跑跑就不冷了。"我听从父亲的话跟着父亲围着车子一圈一圈地跑。冬天天黑得早,临近天黑的时候,父亲才看到一个熟悉的人影朝我们走来,父亲对我说:"那人来了。"我和父亲一阵惊喜。那人到来后,看到父亲和我还在雪中等他,非常感动地说:"实在对不起,实在对不起,今天事多,把白菜放这的事给忘了,刚才想起来了,赶紧往这儿赶,想着你们早走了,没想到你们还在呀!天这么冷,你们咋不回去呀?几棵白菜没什么大不了的。"父亲说:"白菜在我们车上,你不来,我们咋会走,如果走了,心里一辈子也不安。"那人把白菜拿走之后,压在父亲心里的石头终于落下了。仅仅为了一句承诺和心安,我和父亲在雪地里站了五六个小时。

良善家风惠久远

父亲对别人是如此憨厚朴实,讲究诚信,对家人也是一言九鼎,绝不食言。还有一件事也一直藏在我心里,感动着我。

记得那是1982年春天,那时我读小学五年级,正在备考乡重点中学。当时一同上学的同村伙伴们因学习差,考学无望,便一个个都退学了,平时热闹欢快的上学路上就剩下我一个人,此时,我也没了上学的兴趣,有了退学的念头,学习成绩开始下滑。父亲为了激励我,便对我说:"如果你今年能考上乡重点中学,咱家就买一辆自行车。"自行车在当时对我家来说可是奢侈品,村里好多人家早就有了自行车,我家因为经济拮据一直没买,它可是我梦寐以求的东西。我知道那是父亲激励我的话,也知道家里的情况,买不买自行车都无所谓,但父亲的话却让我醍醐灌顶,我知道父亲寄希望于我,想让我好好读书,以后出人头地。我很快放下了思想包袱,投入紧张的备考中,加上原本学习底子就好,成绩很快就上去了。

那一年,我以优异的成绩考上了乡重点中学。当我拿到录取通知书的那一刻,父母和我都激动地泪流满面,但短暂的欢愉后,家里的空气就凝重起来。父母知道,买一辆自行车可不是一件轻松的事。当时父亲一直有哮喘病,不能出去干重活,家里所有的开销全靠那几亩薄田,平时我们兄妹上学都是卖点麦子或东挪西借来维持的。其实我也知道家里的情况,买不买自行车我都不会埋怨父母什么。母亲也劝父亲说:"你有病根本就没法出去干活,对自家孩子说的话,也别当真,说说也就算了。"父亲却说:"不行,如果我说过的话不算数,以后让孩子们咋看我呢?以后孩子们都学我,咋在社会上立足?"父亲没有听母亲的劝阻,第二天便背着行囊去开封打工了,两个月后,也是临近乡重点中

父亲的诚信

学开学的那几天,父亲回来了,并且从集上推回来一辆红旗牌自行车。看着父亲因咳嗽憋得通红的脸和羸弱的身体,那辆崭新的自行车却让我一点儿也开心不起来,我背转过身便流下了动情又酸楚的泪水。

父亲目不识丁,一生没有用"信是人的立身之本"和"言必信,信必果,人方立"等高深的理论来给我树立家风。相反,他一直都用实际行动践行"诚实守信"的理念。这种无言的家风一直耳濡目染地教化着我,成为我为人处世的标尺。参加工作后,我一直秉承父亲"诚实守信"的家风,在单位与同事坦诚相待,在社会上与人诚信交往。只要是我承诺的事情,哪怕我付出再多,也要想方设法克服一切困难去完成,因此赢得了单位和社会的尊重与好评。

如今,父亲因病去世已二十余载了。但他却留给我一笔取之不尽、用之不竭的精神财富,我一定将它珍藏于心,并将它传承给后世的子子孙孙。

(作者单位系杞县文化广电新闻出版局)

良善家风惠久远

赶缏卖衣的父母

刘海鹏

偏隅中山南街闹市中的一处宁静的小园便是我的家,祖父、祖母、父亲、母亲、我,以及我的一双儿女在这里生活了六十多个年华。鱼鳞瓦脊的老房子已经随着祖父母的离去而永远消失在记忆的时空中,上高一时建的新房也已经存蓄了将近二十个春秋。庭院中的石榴树、银杏树、葡萄树、香椿树、柿子树葳蕤如盖,人参榕、巴西铁、紫玉兰、玻璃翠、矮牵牛郁郁葱葱,庭院外的丝瓜、蚕豆、葫芦、山药枝藤缠绕,生命蓬勃。春天来的时候,蜂儿、蝶儿在其间穿梭追逐,一窝燕子准时归来,燕燕于飞;夏天到的时候,草木葱翠,满园芬芳;秋天到的时候,硕果累累,瓜果飘香;冬天到的时候,屋檐下的石头鱼缸旁有一弯浅浅的残雪,映衬着翠绿色的水,比白雪红梅的世界并不逊色许多。逼仄而诗意的庭院,有我的记忆,更有父母的呕心沥血耕耘与辛劳。

我的父母均出生在二十世纪五十年代,他们既同岁,又是同学,生活的磨难在他们的人生中留下了难忘的烙印。挨饿,做知青上山下乡,到农村插队入户,搞串联,大跃进,返城工作,下岗,似乎他们的生活在时代变迁中波澜壮阔、丰富多彩,但是只有经历过诸多时代变革的人才能更加深刻地体会到岁月留下的伤痕累累。缺乏文化知识的他们生活在城市的最底层,甚至连如农民安身立命的土地也没有。他们是小市民,有小市民的缈微,但

良善家风惠久远

是绝无传统意义上小市民的卑贱,绝无小市民的见利忘义,绝无小市民的市侩圆滑,绝无小市民的盲目乐观、自轻自贱的阿Q的情怀。

父亲是个很正直的人,正直得好像有点不食人间烟火。计划经济时代,他在物资局上班,每日早出晚归,干工作从来是不惜力的,每年都被评为先进工作者和劳动模范。记得带镜框的奖状系着绳子曾经挂满了一面墙,常常让他引以为傲。由于工作出色,公司想让他当化轻公司的经理,条件是要有一张高中毕业证明,而且单位领导愿意动用关系帮他办这样的证明,只要父亲同意,就可以当经理。据祖父说,物资局的领导亲自到我们家来了三次,希望父亲能够同意,但还是被父亲断然拒绝,他说共产党培养的干部,一是一,二是二,自己是杞县三中(现为大同中学)毕业的初中生,不是高中生,无论如何不能欺瞒组织。

就这样,工作成绩远不如父亲的人纷纷做了经理,后来,计划经济时代风光无限的八大局之一物资局随着市场经济的到来也终于走到了历史的尽头,那些经理们在企业改革中打擦边球,很轻易地赚得盆钵盈满,父亲却因企业破产而下岗在家。很多人为父亲惋惜,认为他是一根筋,撞到南墙也不拐弯,本可以有更好的生活境遇,却自己丧失了良机。父亲对此却从不后悔,他说:"人不能昧心,我一生崇拜毛泽东,毛主席说过要实事求是,我一辈子都要这样做,如果不这样做我才会后悔。"记得我上初中的时候,有一次英语没考好,于是便撒谎对父母说过年老师比较忙,没有发成绩通知书,后来事情败露,被父亲知道以后,一扫帚杆打下去,我身上的红印瞬间嘣得很高,一连罚跪四个小时,甚至连有脑血栓后遗症的祖父央求父亲几乎要代我下跪,父亲也无动于衷。父亲可以接受孩子没有才学,但是万万接受不了孩子撒谎，做人不诚实。我想，当时他打我的时候一定是恨铁不成钢，更多的时候或者是希望自己诚实守信的血脉在孩子身上传承。没有文化的父亲不会讲大的道理，但是他明白棍棒出孝子、严师有高徒的朴素道理，这一棍在我的心灵上留下的不是创伤而是坚守做人的底线和原则。

母亲是一个左撇子，民间好像有一种说法，说这样的人一般比较聪明。聪明与否我没有论证过，但是母亲的大度、开朗，干事的干净、利索，勤俭持家，教子严格是出了名的。看了斯琴高娃饰演的《大宅门》中的二奶奶之后，我在母亲那里似乎找到了许许多多现实的影子，对整个家，甚至是整个家族，母亲都是有贡献的。在姥姥家，三个姨，两个舅，母亲排行老二，但是家里大大小小的人都是听母亲的，当然这里也包括姥姥、姥爷。母亲为了娘家，可以拉沙土，抹灰盖房，可以开陀车，焊角钢，编制钢丝床，可以在舅舅犯了错误时，用鞋子来惩罚他；可以在五姨家货车连续出事、债台高筑的时候，发动兄弟姐妹倾囊相助；可以在姥姥、姥爷咽气的时候，丝毫不避讳地将养老衣一件件穿在自己的身上温衣再套到他们的身上。在我们家，母亲嫁到刘家三十多年，不仅从未和祖父、祖母红过一次脸，磨过一句嘴，而且将家里里里外外打理得井井有条，可以变着花样地给拮据的家庭带来美食和欢乐；可以在祖父、祖母去世后，仍然把几个姑姑团结得亲如一家，每天都要到我家来聚餐、蹭饭；可以在过年的时候主动给公婆下跪磕头，传承礼序家规，为孩子做榜样；可以为了孩子上学，独自骑着机动三轮，跑几十公里去苦苦地央求别人；可以一直到现在都能把缝纫机、毛衣针玩得飞转，为孙辈做出比品牌童装更新潮的衣服。这就是我的母亲，一个天生开朗、喜欢干活、似乎总有操不完的心的母亲，尽管头发已经白了一大半，但是仍然初心不改、性格不变的母亲。

九十年代,父母下岗以后,祖父得了两次脑血栓,祖母身体也不好,又有我和妹妹需要上学,一时间,生活的压力全部压在了父母的肩上,吃饭和生存成了最重要的问题。由于缺乏文化,缺少技术,其他的活没法干,于是父母仿照其他人开始了赶会卖衣服的营生。所谓赶会,就是农村定期举行的缎会或集市,卖衣的,卖布的,卖鞋的,卖袜的,卖劳动工具的,交易家里养的猪牛羊的,沽卖自己家里的农产品的,应有尽有。缎会集市在很长一段时间是农民的节日,但是随着乡村超市的发展,对缎会产生了巨大的冲击。母亲有卖东西的经历,于是操持生存也较为便当,但是去农村赶会绝对不是什么享福的事情,这也许便是生活的真实所在。最初,家里还没有机动三轮车,有的只是两辆飞鸽牌二八式半旧的自行车,车的后座上放一块板子,于是堆积如山的货物就在板子上方堆起来,再用绳子五花大绑地把货包捆住,手握脚蹬便开始了农村赶会的生涯。阳堌的古庙会去过,裴村店的缎会去过,葛岗镇的缎会去过,邢口大魏店的缎会也去过。几十里的路程让他们天不亮就要开始起身,到地方的时候已经半晌,栽杆子,搭绳子,挂衣服,数百件的衣服被有序地一件件挂在绳上,或者是用预制板做的台凳上,有时为了防止小偷,预制板台凳上的衣服还要加上一层塑料的防护网。母亲是个很开朗的人,不久就可以与村里的老嫂子、小媳妇、大妈,或老大娘,或大哥、兄弟打成一片了。

逢年过节,从外地回家的有文化的人来买衣服,母亲能温文尔雅,从容应对,体现风度和涵养;村里喜欢热闹的人来买衣服,母亲同样能入乡随俗,与老嫂子、小媳妇们说在一起,笑在一起,乐在一起,丝毫没有什么阻隔,有时也随着她们来一些喜闻乐见

赶缏卖衣的父母

的段子,弄得氛围非常融洽。以至于那时,各地的缏会上,"买童衣,找老王"(母亲姓王)已经成了一个商标金句。散了会场后,为了多卖一会儿,父母几乎都是最后一个离开的,满天星斗或夜色漆黑,骑着自行车回到家已经半夜。后来,家里虽然有了机动三轮,但是赶缏仍然是苦的。夏天毒日,直接在阳光下曝晒,皮肤不仅会晒得很黑,有的时候甚至会被晒掉一层皮。尽管有捡拾路边宣传布缝制的遮阳棚,但丝毫抵挡不住汗水如黄豆般一颗颗地涌出,抵挡不住大桶塑料壶中的凉白开被咕噜咕噜的灌下去,挡不住用垫衬衣服的纸板呼呼的扇着风,或者是将额头的汗水揩去。

  记得有一年夏天,刮了一场龙卷风,从葛岗缏会到十里铺的道路两边,合搂粗的树木被连根拔起,横七竖八的在路的两边。父亲开着车,母亲坐在车后的货物堆上,在树木之间穿梭,一边是暴雨如注,一边是道路泥泞,以至于现在父母谈到那时的场景还心有余悸,久久不能释怀。寒冬腊月的时候,本是农闲时节,特别是快过年的时候,却是农村缏会生意最好的时候,母亲总是不舍得浪费一点工夫,到下午不忙的时候,让父亲看着摊,母亲又独自一人搭车到开封进货了,鼓鼓囊囊的一包货足有一百多斤,母亲让别人帮手递一下就使出全身的力气把它背起来,扛上车,然后直接运往缏会叫卖。很多时候,母亲连一碗 3 元钱的面条都舍不得吃,往往是从家里带点干馍就着水吃。母亲这几年总是腰酸背疼,我知道那是她超负荷干活落下的病,如果不是为了这个家,为了孩子拼了命地去赶缏卖衣,现在也不至于每每背疼得无法入睡。从自行车到三轮车,父母下乡赶会,一做就是整整 17 个年头,17 年的 6205 天中只有在每年大年初一到正月十五这几天休息,因为这几日农村忙着过年是没有缏会的,其他的

良善家风惠久远

日子除了下了大雨、大雪,几乎是日日必去的,因此他们从无星期天和节假日的概念。这其中有过风,也有过雨,甚至有过不幸的灾难。一个冬日,寒风凛冽,父亲为躲避一个从路口猛然窜出来的逆行机动车,猛踩刹车,母亲便从堆积如山的货包上摔了下来,重重地跌落在地上。母亲被抬回家,整整昏睡了两天两夜,急得祖母在旁边直掉眼泪,说我们这一家老小可怎么活啊。倔强而顽强的母亲昏睡两天后终于醒了过来,却落下了轻微的脑震荡。就是这样,母亲也没有责怪肇事者,只是让付了医疗费了事。母亲说,家家都有一本难念的经,谁家的灯都不好端,与人为善,就是与己为善,凡事凭就个理儿,要想公道,打个颠倒,只要人没问题,其他都好说。对方不知如何感激是好,只能把好话说了一箩筐,鞠躬衷心感谢母亲的大度与宽宥。

赶缥卖衣的父母深知自己没文化的苦处,不希望儿女重蹈自己的老路。当大多数像父母一样赶会的小市民因为太忙或者是没有心思和精力而对孩子疏于管教、放任自流时,我的父母无论从品德、学习和生活方面都对我和妹妹有极其严苛的要求。父亲经常说:"家有千担粮,不如有个读书郎,我们那一代由于时代的原因没有好好读书,没有知识,悲剧不能在你们身上重演。"因此,对我和妹妹的学习要求极其严格,我们每次贪玩,或者是考试没考好的时候,都要被父母责罚。我大体记得,还是从我2003年上了大学以后才永远告别了罚跪的历史。也许这种惩罚的方式在一些人看来是对孩子的体罚或者是不人道,但是确实对我产生了重大影响,让我一直不偏不斜,沿着正路,学习做人。大学录取书寄来的时候,父母兴奋了好一阵子,现在母亲的妆奁的深处还藏着我的大学录取通知书的纪念封。

按母亲的话说,咱刘家祖坟上也冒青烟了。大学毕业后,我考到了省重点高中——杞县高中任教,通过自己的努力成了国家有正式事业编制的人,父母又是自豪了一段时间。街坊邻居问父母:"你们家的鹏找到这么好的工作,花了多少钱,托了多少人啊?"我母亲总是笑着说:"什么好工作,都是孩儿争气,考试、试讲我们都不知道,咱是穷老百姓,哪有钱请客送礼啊,一根洋烟都没有花的。"我可以体会到,母亲每每在回忆这段情景的时候总是充满矜持和自傲的,因为封建遗留中母以子贵的思想她也有,而且还比较根深蒂固。

后来,我以第一名的成绩考到县纪委工作,妹妹从河南中医药大学以针灸推拿第一名的成绩被山东省电力医院招录等都一次次为他们的骄傲抹上了亮丽的色彩。"事在人为,宽以待人"成为我们的座右铭。当然,传承的还有礼序家规。每当除夕的时候,辛苦劳作一年的父母总会点上香火向安放在客厅中的祖父、祖母的遗像恭恭敬敬地磕上三个头,报告家中一年的大事、喜事,然后便是我与妻子给父母磕头拜年,女儿给我和妻子磕头拜年。女儿的名字叫浩楠,孟子云,我善养吾浩然之气,南方有嘉木,高大正直名曰金丝楠木。2017年7月1日,香港回归20年的纪念时刻,儿子出生了,我为他取名一公,有我崇拜的清华大学副校长、世界著名生物学家施一公的因素,但是更有"天下为公、一心为公"的期许和希冀。一双儿女,我和妻子悉心教养,成才更要成人,这是我们共同的目标。

我有了孩子后,父母也自费办了退休赋闲在家专门照看孙辈,虽然现已不再赶缏卖衣,风餐露宿,但其中一段段往事还是不时提起,让我们品味,咂摸,如同生活中的米和盐……

(作者单位系中共杞县纪律检查委员会)

良善家风惠久远

特别的嫁妆

孙红英

习近平总书记高度重视家庭文化建设,他在全国首届文明家庭表彰大会上指出:"家风好,则族风好、民风好、国风好。家之平安在于教,家之兴替在于礼,家之和乐在于孝。"我的家庭不是名门世家,我家的家风家训也没有铭刻成书,但是我的祖辈、父辈用自己的一言一行影响着我,用他们的言谈举止给我留下了终生受用的精神财富。

我出嫁是在二十世纪九十年代初期,我家和丈夫家都是普通家庭,所以也没有什么特别。而让我受益终身的是父亲在我出嫁时,作为嫁妆之一送给我的一箱子书籍,有《共产党宣言》《毛泽东选集》《资本论》《国家与革命》等等,几十个春秋,一直陪伴着我、启迪着我、教育着我,使我由一名普普通通的干部成长为一名光荣的共产党员,成为走上讲台的人民教师。

父亲今年 87 岁,退休前是党校的一名讲师。虽说父亲在七十年代就当了领导干部,但是没有为个人谋过私利,没有安排一个子女出来工作,一辈子勤勤恳恳、认认真真、兢兢业业对待自己的工作,没沾过公家一分钱。母亲给我讲的一件事,至今让我难忘。母亲喜欢看戏,当时父亲单位有剧场,每天送 5 张票,母亲来县城看了几次,父亲交了 3 块钱,父亲说送的票是单位的公事,母亲是不该享用的。那个时候 3 块钱是很当用的,后来听母亲说 3 块钱我们七八口之家买盐一年也吃不完。退休以后,父亲没有丢了学习,我们到家总能看到父亲坐在桌子前读书写字,谁家孩子学习进步了,我们谁工作有成绩了,得奖了,父亲都会作诗以庆贺。"致仕心忧天下,守职敬业,为民奉献。立千仞为欲刚,抵制诱惑养正。守身如玉洁净。冀征途,一路顺风。负重任,艰苦奋斗,不辱使命。"这是父亲鼓励儿女子孙们写的。

退休后的父亲注重家风家教,先后给我们写了《孝义铭·励志言·婚喜联》《家史·家范·家戒》《家谱·家史·家风》《培贤育英诗话集》等。父亲省吃俭用,从他微薄的退休工资里拿出一部分钱奖励考上大学的孩子,鼓励孩子们好好学习。

也许是向往、敬仰、继承,我在父亲退休前有幸分配到党校工作,成了一名光荣的人民教师。受父亲的影响和教育,我学到了勤学、奉献、不为个人谋私利、不占公家便宜的做人作风。

在党校讲课可不是一件简单的事,不仅要具备深厚的理论水平,而且更需要具备坚强的党性修养。按照父亲的要求,我潜心学习,认真钻研。面对长期的理论宣讲,我也曾感到枯燥、厌倦,但一想到父亲快九十岁了还每天坚持学习,笔耕不辍,我便增添了信心和力量。

好家风是一面旗帜,是一部无字的好书,是一个强力磁场,润物无声地影响着我的心灵和道德风范。受家庭的影响,我在工作中认真、勤奋、努力,任劳任怨,从不讨价还价,牢记责任和操守,勤于学习、勤于思考、勤于努力,时刻以一名共产党员的标准严格要求自己,把党性看得高于一切。几十年如一日,我勤学苦练、不怕吃苦,我的课也受到学员的广泛好评。

母亲是一个勤劳贤惠的农村妇女,一辈子勤俭节约为我们操持着吃的穿的。小时候半夜醒来,看到母亲还坐在煤油灯下为我们缝衣服,早晨我们还没起床,母亲就把饭做好了,端到生病的奶奶床前。听奶奶说,她和母亲一辈子没红过脸,更不要说吵架拌嘴了。母亲走时84岁,辛辛苦苦操劳了一辈子。从母亲那里我学到了勤劳、俭朴、孝敬。

在我出嫁的时候,母亲反复嘱咐我:"咱们大家庭人这么多,家庭邻里这么和睦,都是咱祖祖辈辈的好家风,你出嫁做妈的没什么东西送给你,记住好的家风就是你一辈子的福。"受母亲影响,在丈夫家,我孝敬公婆,同妯娌亲如姐妹,夫妻相濡以沫,同甘共苦,子女懂事孝顺,尊敬师长,团结同学,这些都是用金钱难买到的。

清代名臣林则徐留给后辈的家训说:"子孙若如我,留钱做什么?贤而多财,则损其志;子孙不如我,留钱做什么?愚而多财,益增其过。"现在想来我的陪嫁是金银买不到的精神财富。正应了《易经》里的一句话:"积善之家必有余庆。"

"成由节俭败由奢"的道理千古不变。婚后我和丈夫认真工作,勤俭持家,刚结婚时在老家借了张婚床,在县城租房子住,慢慢地有自己的床了,有电视看了,有洗衣机用了,有自己的房子住了……每添置一件家里的用品我们都很有成就感。婆家娘家都是大家庭,直系亲属有一百多人,大家团结和谐,互帮互助,与人为善,为邻和睦,受到很好的赞誉。

习近平总书记指出:"领导干部的家风,不是个人小事、家庭私事,而是领导干部作风的重要表现。"我坚持当好丈夫8小时之外的"纪委书记",自觉当好廉内助,这样既是对社会和国家负责,更是对丈夫负责,对家庭负责。丈夫爱岗敬业、廉洁朴实,干一行、爱一行、专一行,在自己所从事的每一个岗位上都做出了突出贡献。熟悉他的领导和同志们都这样评价他:"品行好、党性强、能力棒、业务精。"

家庭是社会的细胞,每一个细胞都健康了,我们伟大的祖国就强壮了,中华民族将永远繁荣昌盛。

(作者单位系杞县县委党校)

良善家风惠久远

父亲是部用一生去读的书

张　阳

所谓"良田千顷,身家百金,过三世而散;才德二字,良言一句,传万代不绝",古言不虚矣。

很小时候,记得堂屋挂满了字画。及长,始认得"忠厚传家远,诗书继世长"几字,却不甚理解。又长,暂解其意,并知是父亲用隶书写的一副对联。现在想来,这十个字应该是父亲承上传下的家风之一吧。

父亲生于建国前夕,是受红色教育最深的一代,这坚定了他坚韧好学的做事风格。

记得有一年冬天,北风呼啸,大雪封门。当时,父亲在二化任调度工作,第二天必须到厂值班。母亲说:"这没法骑车,80里路怎么走啊?"父亲说:"就是下黑雪也得去"就这样,他踏着厚厚的雪,冒着北风,一步一步,走了八个多小时才到县里。这一句"就是下黑雪也得去"对我的影响太深了,使我树立了"不怕困难,敢于拼搏"的坚韧性格。

父亲对于我和妹妹的教育,付出了太多。为了我们的学习,他放弃了唯一一次上大学的机会。作为一个中国式父亲,他也很严厉,身教多于言传。

我六岁的时候,父亲教我用三角板、铅笔摆写宋体字"中华人民共和国万岁,中国共产党万岁"。这16个字,我写了两个月之久,在我的心灵上深深地埋下了"爱国爱党"的思想种子,对我后来的书法审美及书法学习,也带来了不可估量的作用。

凡事皆有因果。后来,父亲那种坚毅的性格,也救过他的命。那是他60岁那年。由于前列腺手术诱发心脏病,肌塞达到了75%以上。医方要求上心脏支架,经过造影后,父亲的血管不适应手术,只有保守治疗,当时我就吓蒙了。他却说:"没事儿,正中我下怀,我本不想下支架,听说心脏有自我恢复的功能。我就不信,吃药加上锻炼就不能治好。"回到家,他自定了康复计划,早晚吸氧,少食多餐等,主要是走路锻炼。起初,父亲就像"老机器"一样,只能走上几步,几十米。后来,在我母亲的陪伴下,每天坚持,整整三年过去,他能快步健走几公里。去医院检查一切正常,医生们很惊讶地说:"奇迹啊!"

父亲对我影响最大的还是他那用一生去学习、再学习的精神。因为很多原因,他未圆大学梦,但他无时无刻不在学习,就是现在,已古稀之年,每天还坚持练习书法,每次旅游回来,都是诗文大丰收。近几年他又有了新的计划,正在收集编写《古杞方言诠释》,现在见了老年人就问,讨教,也翻阅了很多资料,还在华阳书院设立了"收集方言"平台,在家的庭院里也安装了方言收集板报。

父亲常说,做人要忠厚,做事要不断学习。人的一生,学习不要仅仅为了谋生,学习应是一种乐趣,一种幸福,应是生活中不可缺少的一部分。

如今,我的女儿已大学毕业,儿子明年也要入大学。我想,他们在今后的生活和学习中,也将会受到此种家风的影响,会把这种对工作、生活、学习的态度和精神,一代一代传下去的。这大概就是我们家风的传承吧!

(作者单位系杞县华阳书院)

好家风影响我一生

吕存伟

"家风"又称门风,指的是家庭或家族的风尚、生活作风;是建立在中华文化之根的集体认同;是每个家庭个体成长的精神足印;是一个家族代代相传沿袭下来的,体现家族成员精神风貌、家庭伦理、家庭道德整体的家族文化风格,对家族的传承、民族的发展都有不可替代的作用和影响。家风作为一种精神力量,当然,好家风是一种榜样的力量,润物细无声,对社会有广泛的教育意义,不好的家风却会给社会带来危害。

"为人要善良,待人要宽厚,做人要勤奋,人敬我一尺,我敬人一丈,凡事莫贪小便宜",这是我家家风传承的内涵。我父辈他们弟兄三个,姊妹六个,爷爷奶奶有十五个孙子、六个孙女,我们这样的大家庭可以说是十里八村远近闻名了。虽然说家里很穷,但是整个大家庭团结和谐,兄弟、妯娌们没有谁跟谁磨过嘴,也没有谁跟邻里吵过架。祖辈父辈都是给地主做长工出身,正因为他们善良和宽厚的为人风格,才换来了大家庭的兴旺。

等我记事的时候,由于家里人太多,这个大家庭才分了家。父亲排行最小,算是上起了学,1954年从杞县师范毕业后,呕心沥血,教书育人三十六年,五十六岁殉职,可以说德高望重,桃李满天下,为党的教育事业奉献了一生。父亲在的时候,经常给我们讲家庭的苦难史,讲没有共产党就没有我们今天的幸福生活。

良善家风惠久远

我记忆最深的是一个夏天的晚上，全家人吃过晚饭，父亲在院子里给哥哥、姐姐们讲家风，那时，我刚六岁，躺在席子上没有睡着，听父亲讲为人要善良，待人要宽厚，做人要勤奋，人敬我一尺，我敬人一丈，凡事莫贪小便宜等等，还举了村里人家的例子。虽然到后来我听着听着睡着了，但这些话几十年来一直伴随着我一路健康成长，使我成为一名共产党员，一名党的领导干部。

我十八岁那年光荣入伍，成为一名解放军战士，怀着报效祖国的忠诚与勤奋，经过部队大熔炉的锤炼，我成为所在部队的"雷锋标兵"，到连队八个月即光荣入党，成为连队有建制以来最快的入党者，参加抗洪不畏艰险，荣立了三等功。1990年我复员后被安置到县广电局工作，一干就是十六年，从一般职工走上了领导岗位。是好的家风和对党的忠诚勤奋，时刻伴随着我成长，上班短短两年被县里评为"精神文明标兵"、被市委市政府表彰为"先进工作者"，后来被评为开封市"十好记者"、河南省"广电系统劳动模范"、开封市"专业技术拔尖人才"等，1996年被提拔为副局长。一路风雨，一路奉献，一路勤奋，一路陪伴。

2007年7月因工作需要，组织调我到档案局任职，三年里我同档案局八名同志，认认真真，精益求精，任劳任怨，无怨无悔，把馆藏档案由3万卷发展到近40万卷，全市、全省先后在我县召开档案工作现场会，档案馆顺利晋升为国家二级档案馆。一次组织和领导找我谈话，我说，在我眼里没有孬单位好单位之分，只有忠诚和勤奋。2010年7月，组织又调我到发改委任党委书记、主任。面对从文字工作到经济工作的转变，我勤奋学习、分析数据、谋划项目、结合实际、编制规划，一心扑在工作上，为杞县国民经济和社会事业综合发展尽职尽责、尽心尽力。2011

年底我服从组织安排到招商局任职,面对招商工作的难度、上级要求的力度,我团结招商局十几名同志经常研讨分析,给县委县政府决策提供参考。力求诚信,把政策用活,把项目做实,让客商满意。一份辛苦,一份收获,四年当中我县招商工作位处全市前列,本人也先后获得河南省"招商引资标兵"、市政府二等功、三等功,开封市"优秀共产党员",开封市"劳动模范""廉政建设先进个人""焦裕禄式的好干部"等荣誉。

2016年2月我又被提拔到县委党校任职。党校姓党、资政育人,党校是培养培训党员干部的主阵地、大熔炉。我深知党校工作责任重大,要培训好党员干部,首先要拉高标杆提高自己,坚定崇高信仰,提高理论素养,筑牢党性观念。

德孝秉家风、忠诚报党恩,严以常律己、宽厚待好人。"一家仁,一国兴仁;一家让,一国兴让","将教天下,必定其家,必近其身"。家风好,则族风好、民风好、国风好。习近平同志指出:"领导干部的家风,不是个人小事、家庭私事,而是领导干部作风的重要表现。家风好,就能家道兴盛、和顺美满;家风差,难免殃及子孙、贻害社会。广大家庭都要弘扬优良家风,以千千万万家庭的好家风支撑在全社会形成好风气,各级领导干部要带头抓好家风,做家风建设的表率。"

好家风影响我一生。几十年来,我无愧于家庭的教育,无愧于党的培养,兢兢业业、忠诚勤奋、廉洁做人,用自己的行动践行着党的全心全意为人民服务的宗旨,做一名合格的共产党员。

(作者单位系杞县县委党校)

良善家风惠久远

家风是父母给我的烙印

胡书卿

记得是大寒节气当天上午的九点四十五分,我突然接到二姐的电话:"小妹,你快来吧,咱伯可能不中了。"当我驱车五十分钟赶到开封东郊二姐家时,看到父亲倒在瓷地板砖的被子上。我连忙跪爬到父亲身前拉住他余温尚存的手,责怪二姐说:"这么冷的天咋叫咱伯躺到凉地上嘞!"我木然地看着丈夫、哥和姐夫为父亲换上寿衣……二姐在旁哭诉:"早上六点多起床做饭时,爹说我打上点面晌午炸点糖糕、油条吃。我吃完饭就去上班了。八点半多点邻居打电话给我说,你回来吧!你爹刚才和我们几个在路边闲聊,忽然说难受了一下有点冷回家了。我就赶快回来了,和你哥用三轮车载着去二院,到二院大门口爹说啥不进去,非要回家,说没事了。回到家喝了碗糖水躺床上后让我们走,十分钟左右我去看他,发现他满头汗,衬衣都湿透了。我赶紧打120电话,又给你打电话。120过来抢救十分钟左右说不行了就走了……"

两小时后火葬场的灵车将满面慈祥的父亲载走后,我们在整理遗物时发现了十几张写着胡诗岗向贫困灾区捐款、捐物的收条和每月2156元的工资本,旁边有叠放整齐的保暖衣服。而他身上穿的却是破衬衣、破毛衣裤、中山装,外套两层西装。头上戴的是数十年前的单帽,脚下穿的是十年以上的手工棉鞋,连耳暖、手套也是我十年前用毛线给他织的。看到这里我痛彻心扉,泣不成声……

父亲生于1921年2月,曾说自他记事起便住在县府前街的胡家大院,直至十几岁方迁居到柿园前营村。杞县解放后参加教师工作,后来转为正式教师,在阳堌、柿园、裴村店、城郊等公社的十几所小学里教过语文、算术、政治、美术等课程,直到1980年退休。

八十年代中期,姐和哥先后结婚有了孩子,父母迁居开封,母亲帮忙照看孩子,父亲蹬三轮车为人送玻璃补贴家用。教育局几次通知他回县里办理退休改离休手续,他总是说:"反正是不能再为国家出力了,来回折腾干啥?既给自己添忙,也给别人添麻烦。还是给国家省点吧……"

记得是他八十五岁那年,由于长时间蹬三轮车造成疝气复发。他没和任何人打招呼,自己乘公交车回县里,买了剃须刀自己备皮,躺在手术台上时医生护士都惊呆了,连忙打电话叫我们过去。当我们赶到医院时,父亲已躺在病床上输液。护士说:"从来没见过像老爷子这样的,做手术自己备皮,这么大年纪也不叫家人陪。是我们好说歹说才同意打电话给你们的,他是我从医几十年见过的第一个这样做的人……"

从我记事起常听父亲念叨,忠孝传家远,诗书祖泽延。他常常教导我们,做人一定要低调,做事一定要实在,居家过日子一定要节俭;一定要有自己的一技之长,能握一技长胜藏十年粮;不要轻易许人愿言,只要答应人家的,就必须兑现承诺。

以上就是父亲给我的烙印,而我的母亲对我也是严加管教,小的时候还不太理解,现在回想起来,真是受益终生。

良善家风惠久远

我的母亲出生在诗书传家的孟氏家族。从记事起常见有邻居和不认识的人到家请母亲铰鞋头花或结婚用的喜花,母亲总是放下手里的活计帮人完成,从不推辞。当别人表示谢意时仅收下答谢的语言或几块喜糖,其他一概拒收。待我拿动剪刀的时候她就让我操刀练习,多用鼓励的语言手把手地教。

记得是小学二年级的深秋季节,下午放学回到家里发现堂屋的桌子上放着鸡蛋、花生和水果糖,因为感觉特别饿,我放下书包抓起一个鸡蛋磕开就塞到了嘴里,然后抓了一把花生就吃,我母亲从里屋出来夺下花生放到筐里,回手劈头就是两巴掌,说:"你是饿死鬼托生的?也不问价钱就吃。饿了有馍沾着油盐不挡饥吗?"我这时才发现里屋还有一个不认识的大娘。待大娘走后,母亲边教剪纸边说:"刚才打得疼不疼?不是经常和你说不要随便拿别人家的东西吗,就是不长记性。人家请咱剪东西是看得起咱,绝不能贪图回报!你以后长大了一定要记住,帮人家的忙之后绝不能贪人家的财!寻求了回报以后情就没有了,你也会有用着人的时候……"

在我们上小学的时候,每到夏秋季收庄稼的时候,学校都要组织勤工俭学,让学生捡拾地里遗留下的小麦和红薯。培养学生爱勤俭、爱劳动的精神,同时也锻炼学生的身体和意志,还能补贴学习用品的不足。记得是小学四年级秋季的一天,放学后同学存相和我一起回到家里,进家后见了我母亲就说:"奶,今天俺姑拾的红薯最多,得了个全班第一。"母亲问:"为啥比你拾的多?"他回答:"走到东北地的时候,拉罢红薯的地里人家还没有拾,看地的老头在地的那头,俺姑到地里拾了两块,看地的老头一吆喝,我们赶紧跑了。"听至此,母亲一手拉住我抬手就朝身上打来,"谁叫你到人家没拾的地里去拾红薯的?你这相当于偷知道不知道?你这叫不诚实……"直到打累了方才罢休。

母亲就是这样,对做错事的子女从不手软,生活上关心备至,学习和手艺上严格要求、精益求精,在方圆十里八村享有盛名,这是值得我永远学习的。

父母用自己一生所践行的良好家风,已经给我留下了深深的烙印,我将跟随他们的脚步,把好家风一直会传承下去……

(作者单位系杞县文学艺术界联合会)

良善家风惠久远

家　风　记

李金轩

　　闻上倡导家风,愈明孔府万历通碑之意。家国一体,国以家为本,家因国而荣,家国咸休,同气相忾,是故,家风兴则国风盛,家风良则国安泰也。

　　乾坤旋定,风和日丽。纲常正,伦理明,万物则各得其所,天下不治而可安,社会不理而和谐矣。幼时祖母教我古语:"国正天心顺,官清民自安;妻贤夫祸少,子孝父心宽。"五十多年过去,

孙已垂垂老矣，但其金口玉言，虽历久而弥新，虽通俗却风雅清明。

稍长，见家藏书法云：布衣暖，菜根香，诗书滋味长；逸兴多，俗事少，积善家风好。及壮犹记：耕读传家久，诗书继世长。言之成理且得体，高山流水，清风雅韵，斯文犹似兰香。由是观之，家风者，善行也，三纲五常，精气神也，精满气旺神足，则日月有长也。

推而论之，国风者，德行也，崇德广业，正清和也。上善若水，风正帆悬，德行天下，四海靖安。美人其美，各美其美，美美与共，和而不同，家不争而有大争，国无为而有大为，御风而行，儒道交相用，实乃中华之魂魄，民族之精神也。

今儿孙福乐，老母安康，四世同堂，人丁兴旺。溯源追远，忆祖母之恩泽；含华漱玉，思名言之芬芳，遂有治家格言、家训、家风之联想。"孝悌忠信，礼义廉耻"，八德之述前人备矣。而今我制风曰："山高松涛远，谷空兰气香。厚德载物重，天健人自强。"

是为记。

（作者单位系河南省杞县高中）

良好家风的传承历久弥新

侯海燕

我手捧一掌岁月,在奋进中春秋递增,挥别往事,时光已无法丈量,模糊的往事正渐行渐远,唯有父母在简约与平淡的人生中,传承的"公私分明、操守奉公"的家风内涵,使我于幸福和快乐的学习工作中知行格物,不负过往。

一张凉席,连缀着我学生时代的记忆

二十世纪八十年代中期,我在泥沟中学读初中。那时候的中学是开放式管理,放学时间学生可以自由出入校园。

大概是 1986 年 6 月的一天,吃过中午饭我到父亲的工作单位——泥沟信用社去玩,发现他的办公室里放有几张凉席,当时正巧我学校的床上铺的还是几张废纸箱,夜里睡觉硌得浑身不舒服。于是我走的时候也没有留纸条,就拿走了一张。

当天下午我正在上第三节课,班主任把我叫出来说父亲找我,刚一出教室,父亲面带愠色劈头就问:"我屋里的席是你拿走的不是?"我说是,"放哪啦?"父亲急着追问,我说铺在床上了,"走——拿出来!"边说边拉着我一同往寝室走,到寝室就把那张凉席从我床上给揭了下来,从寝室出来时父亲仍生气地说:"以后我办公室里的东西不要胡乱拿,有的东西不是我自己的,这几张席是用公家的钱买来发给职工用的,公家的钱买的东西你拿走用这算啥?"当时我很不理解,心里也很委屈,心想不就一张凉席吗,至于再追到学校拿走吗?目睹了整个过程的班主任似乎看出了我的心事,教导我说:"海燕,现在你还小,你爸爸批评得很对,他作为一个单位的领导,如果公私不分,工作就干不好,他的主任也干不长,等你长大了就懂了。"

"摩托念悟",养成了我勤求廉矩的人生态度

1992年我参加了工作,刚上班那阵摩托车还是很时髦很奢侈的交通工具,同事中有几位老员工相继购买了摩托车,上下班摩托车"突突"一响,煞是风光。一次我和父亲一起干农活的时候,交流起我单位的工作和事情,对同事买摩托一事表情流露出几分慕色,于是父亲严厉正色道:"你现在的任务是学好业务,干好工作,任何时候在享受方面都不攀比、不羡慕,要比就比工作、比业务。古人说'成由勤俭败由奢',别说现在你的工资低,就是将来工资高了也要注意节俭,学会低调。出风头、讲排场、比阔气是犯错误的动力,欲望会越来越大,不管是谁早晚要出事。"生活的经历验证了父亲的话是对的。

践行母嘱,使我坚守着基本的职业操守

1997年1月父亲突发脑出血去世,母亲牵挂条件拮据的大姐,不愿来县城而独自在家生活。二十年来,无论是休息日回家看她,还是打电话,她唠叨最多的是:"珍惜自己饭碗,好好干,该得的得,不该得的给都不能要,可不能手长,你爹一辈子没有干过犯原则的事,你俩(指我和妻子)要像你爹学习。"

还有一次是2014年7月的一天晚上,大概有十一点多,我被一阵手机铃声惊醒,电话是母亲打过来的,这么晚了母亲打电

良善家风惠久远

话肯定有事呀！我立马睡意全无。母亲那边说："孩儿呀，最近看电视看新闻没有？"我说："经常看，咋啦？咱村的事还是咱认识的人上电视啦？"母亲说："不是，我看新闻里说中央有俩大官被弄起来啦。"我有点莫名其妙，半夜打电话就问个这事？电话那边母亲长叹了一口气语重心长地说："别管官大官小，只要不规矩早晚都得翻船。孩儿呀，你和云儿（我妻子）都有点小权力，要严格按制度办事，可千万不能出格。"放下电话，我心里五味杂陈，百感交集，辗转反侧，久久不能入睡。

也正是在这些朴素的家风传承中，我深深地感受到了泥土般的芳香，以及芳香中散发出来的思想光芒。公私分明、操守奉公是父母穷尽一生的实践成果，而这样的成果又正在我们中不断地听到花开的声音。多年来，无论在工作上还是生活上，我和妻子牢记父母的谆谆教诲，勤奋工作，低调做人，操守从业，由原来的临时工相继转正，进而又分别走上领导岗位，时刻做到心存敬畏，严格自律，常思贪欲之害，常怀律己之心。妻子在信贷部门，洁身自好，严格按照流程和制度发放每一笔贷款，多次拒绝客户的宴请和红包。我身为纪检干部，正人先正己，"打铁必须自身硬"，秉公执纪，不徇私情，多次被省市评为先进工作者。

人说"家史也是可以酿酒的"，此言不差。如今，不仅岁月长河的浪花没能湮没年少时父母教我向善向学的家教印记，时光的流逝也未能淡化父母教我公私分明的家风故事，反而随着岁月累增，良好家风的传承越发历久弥新，真如老酒一般，陈年愈长，其味愈醇，陶醉着我们侯家几代人。

（作者单位系杞县农商银行）

圉风·圉镇李家故事

豫 人

引子

豫东开封杞县西南25公里处,有个叫圉(音 yǔ)镇的地方,是个千年古地,是大才女蔡文姬的故里。圉,古意有牧马场和监狱的意思。圉镇历史上曾经历过甲骨文时代中的圉,春秋时代的圉邑,秦汉魏晋乃至唐中期的圉县、圉城县,唐中期公元627年以后的圉镇至今全国重点镇圉镇镇等各个时期,涌现出"强项令"董宣、蔡邕、蔡文姬、夏馥、高柔、郦食其、江统乃至明末李自成的手下大将李岩等历史名人,其中最有名的当然还是中国四大才女之一的东汉著名文学家、书法家、诗人蔡文姬了。"文姬归汉"的故事几乎家喻户晓,在圉镇至今仍流传着蔡文姬在圉镇的诸多故事。

古圉地,地理上属于淮河流域,是古淮河流域上游一支著名的支流古涡河流经的地方,古涡河左岸有个小支流叫铁底河,发源于开封陈留一带,流经杞县圉镇,沿东南方向蜿蜒百余公里流经道家创始人老子生活的今河南鹿邑至安徽涡阳一带的古涡河故道,进入淮河。

据史籍记载,两千多年前的古圉地在春秋时期是陈国边境的牧马场,也有一说是"圉"通"圀",囹圄之地,古时是关押犯人的监狱。从商代流传下来的甲骨文中也有对"圉"的记载。秦汉魏晋时期,曾一度是陈留郡管辖下的圉县、圉城县,是当时远近闻名、名士辈出的古圉县县治所在地。近年来,在圉镇镇镇治北端的前城、后城村考古发现的"古圉遗址"目前是县级文物保护单位,圉镇附近向南几公里的竹林乡发现的几千年前的仰韶文化遗址,向南三公里的郭屯村发现的汉代古战场、汉墓,以及文姬故宅蔡家花园遗留的汉代古井,都印证着圉镇历史的悠久。圉镇,历史古迹有子在塔、孔子行宫,以及附近曾存在过的传颂孔子72弟子故事的72座古庙。当地依旧盛传着当年孔子去鹿邑拜访老子时路过圉镇的传说。圉镇自古文化兴盛,1949年后,杞县的第一高级中学就创立在圉镇即是一种印证。

这片土地地处中原的东南区域,自古远离国家的政治中心,她的出名得益于《后汉书》关于"陈留圉"的多处记载。从目前留存的一处处高高的黄土岗和镇中心地势较高的地形来看,这里曾是雨水丰盛、河坑密布的地方,镇里残留下来的四处干涸的大水坑就是当年古居民挖坑取土、筑岗而居的历史证据。千百年来,这里人口繁衍,香火不断,后来还有上千人之多的回族的一整个行政村繁衍于此,而且他们居住的前城、后城就是历史上的古圉城之地。

就是在这个被叫作"圉"的古邑、古县、古镇,从字面上看,是四周大墙之内住着"幸"福的人,其实却经历过历史上的一次次大水患和二十世纪六十年代的那场大饥荒,肥沃的古地在不幸的岁月中制造了一个个贫困的家庭。

本故事的主人公,就出生在圉镇镇中心、离镇治向北一二百米的一座古庙旧址之上。据邻里七八十岁的老人们讲,这里古时候是关爷庙,是老人们常常念叨的围镇内外72座古庙之一。72座庙以及古县志记载的孔在塔的存在,说明孔子及其以后的历代儒家文化在这里的影响之深、之远。孔子的思想是印证在言语上,而作为儒家忠义思想化身的关公则是表现在行动上。

  主人公姓李,这个李,是春秋时代古涡河岸边诞生的那个大思想家李耳的李,也是明末李自成起义时的手下谋士李岩的李。围镇东北4公里的李家寨,即今围镇镇荆岗村,因高岗上长满荆条而得名,相传就是李岩和红娘子故事的发生地。主人公李姓家族,就是上上一代从李家寨迁到围镇镇上的。历史上的围地曾出现的名望大族,有蔡姓、高姓、夏姓、董姓、李姓等,李姓较有名的一支在明朝嘉靖年间曾出过一位叫李可大的一代名医。说不准,主人公的李姓与李岩、李可大还真有点什么关系呢。

  围地的这些名望大姓,目前除了"强项令"董宣的董姓、汉代名士高柔的高姓,以及蔡姓、夏姓等,大都在晋代以后为躲避战乱随士族们向东南迁徙而去,成为后来有名的客家人。

  本故事讲述的这支从李家寨迁移来的围镇李姓家族,辈分不乱,最近的上下五辈的辈分是玉、昆、存、继、元,也有二十几户百余人的样子。这支李姓家族,有的说是明末大将李岩的后代,有的认春秋时期大哲学家老子李耳为远祖,也有的是以大唐李姓皇帝赐封的李姓为根源。从李姓绝大多数人的体格特征看,他们面阔肩宽,腰圆背壮,性格刚烈豪爽,更像是当年从今天的内蒙古、山西一带迁徙而来的北方血统。

  这支李姓一族,在最近的五辈人中没有出现过什么大人物,主人公的曾祖父一代的"玉"字辈中,只有一家搬到了县城工作,最高的职位也只是县公路段分管圉镇段的段长。祖父一代的"昆"字辈中，只有一人做了圉镇乡镇的武装部长。父辈一代的"存"字辈中，一位四十年代初出生的年长者，也就是主人公的父亲，靠自己的苦读考取了开封师范后返乡当了一名乡村公办教师，业余因为爱好书法、苦练书法，成为省级书协会员，又因为书法特长被调入浙江宁波，离开家乡前已是县南圉镇一带老一辈人中名气最大的农民书法家了。主人公的另一位叔叔，沾了乡武装部部长亲族的光，参军提干，在东海舰队以营级干部转业到江南无锡，安家在无锡，做了一名中专学校的校务工作者。到了主人公"继"字辈这一代，这个李家二少成为全镇第一个研究生，毕业后从事文化工作，通过多年奋斗当上了县处级的"七品芝麻官"。下一代的"元"字辈中，年龄大的李家长孙考上了大学，毕业后留在省城谋职，从国企小职员做起；年龄小的李家二少的一双儿女，大的九岁，小的九个月大，户口落在了上海，将来能有何出息那是十年二十年以后才知道的事了。

这些，就是故事主人公李家二少的背景。

寒门之家　饥饿少年

主人公李家二少的乳字叫"孩"，是从乡下嫁到集镇上的没念过一天书的母亲给起的。按照老李家传续的辈分，父亲第一次给二儿子取的大名叫"继勇"，因为大儿子的名字叫"勇"，三儿子的名字没有循着"继"字辈的辈分叫"继继勇"，还是文盲母亲来得直接，名字就叫"三"。

这个后来被乡里乡邻和亲戚们喊着"孩"的，因为在家排行老二，常被邻居家的小伙伴们戏称为"孔老二"。邻居家的大人们则习惯地随了他母亲的喊法,喊他"二孩"。不过,二孩从小没有沾上大圣人孔老二的光,天生爱动、贪玩、淘气过人,虽被不识字的母亲寄予厚望,但小时候一点也不开窍,后来还竟被母亲驱出家门。二孩一朝忽然开悟,浪子回头,苦读三年,才终于跳出农门,成为乡里第一个考上研究生的,毕业后靠多年打拼,熬上了个"七品芝麻官",算是实现了母亲望子成龙、将来能"坐上小轿车"的愿望。这是后话。

二孩的父亲,名叫"忠",听上去就知道是在"忠义礼智信"的儒家文化环境中长大的,饱受了儒家礼教的熏陶。忠也是出身贫寒,自小在古庙的废墟上长大,他后来成为镇上有名的秀才,是镇上两个考上开封师范学校的学生中的一个。二孩的父亲姓李,巧的是,二孩的母亲也姓李,而且俩人的属相都是蛇,只是母亲生在二月,比父亲大一个月,所以后来父母二人一生不和,纠缠在一起,父亲的这个蛇始终没有压住母亲的这个蛇,更巧的是,家中的老三也是属蛇的,父母二人到了晚年的时候,老三和他们在一起过,三条蛇纠缠在一起,稠密的家务事纠缠起来连家中的长子和二孩都断不清理不清了。

母亲的名字,叫"花",是二孩乡下的外祖父给取的。母亲的老家,在围镇东南 10 里外的一个叫谷熟岗的村,经媒人说合,18 岁嫁到围镇李家。花在家中是老大,是长女,是六个弟弟、两个妹妹的姐姐,因为家中孩子多,上学的机会肯定是要留给弟弟妹妹们的。花没有上过一天学,到是踮起脚隔着学校的窗户偷偷看过多次,她也好想上学读书,也跟大人闹过要上学,却在被外婆大骂了一回后,再也不提上学的事了。花虽说个头不高,一米五几的样子,却很灵巧通透,模样也算俊俏,要不然后来她也不会被选中到县豫剧团学唱戏。

其实,花的通透早在她不愿意嫁到圉镇就表现出来了。当花跟着媒人到镇上看了父亲的家之后,死活也不愿同意这门亲事。后来是因为自己父亲的强逼,才勉强嫁过来的。当时,忠的家其实就是搭建在古庙上的三间破草房。

二孩的父亲家弟兄六个,忠在家排行老二,老大在大饥荒年代因为饭量大给饿死了,老五、老六因为家中实在养不起,都先后送给了亲戚们抚养。老五送给了镇上一个老李家的同族,后来参军、提干,转业到江南一所学校工作直至退休。孩子们都喊他五叔,是父辈一代除父亲之外另一个"吃商品粮"的人。在那个特殊的贫困的年代,每逢五叔回家探亲,一身东海舰队的海军军装,着实让孩子们仰慕不已。那个年代,想参军也是有指标的,这大概是托了镇里做武装部部长的同族的福。后来,老三也参军去了,不过却没有像五叔那样当出个名堂。亲叔侄也是有差距的。而二孩,却从没有参军的念头,他小时候去谷熟岗外婆家住得最多,他心中的偶像不是那当了海军军官的叔叔,而是乡下做泥瓦工的大舅和做木工的三舅。尤其是长大后能做个木匠,几乎是二孩少年时代的最高理想。二孩少年时代的第二个远大理想,是能买一头小毛炉,靠体力到远方去拉货,靠自己的双脚做"运输"买卖。在二孩心目中,木匠和拉货郎这两个职业是他最熟悉的,这都是当教师的父亲教子的缺位、受舅舅们影响大的结果。所谓"子不教、父之过",在李家父子身上得到了最好的印证。

父亲是通过自己的苦读考上中师的,毕业后成了"国家"的人,吃上了商品粮。当年外公非要逼着母亲嫁过来,看中的主要就是父亲是个"大学生",是个"有文化"的人,对下一代孩子的成长有好处。二孩长大后常常想,如果他的母亲不是嫁到了集镇上,而是嫁到了乡下邻村的什么地方,那他的关于木匠和拉货郎的理想就能够实现了呢。

父亲在距离镇上八十公里外的古都开封念书,那是父辈当年能走到的最远的地方。父亲在开封念书的三年,由于家中太穷,没钱打车,假期回家都是步行八十公里,要赶一夜的路。父亲的刻苦那是远近闻名的,邻居们吃饭时习惯端着碗蹲在一起"聚餐",这时邻居们常常取笑父亲:"你天天吃饭时在地上比比划划,筷子都磨坏了,有这力气,还不如帮着二孩他妈下地干活锄二分地哩。有力气到地里比划去啊!"他们不知,这是父亲在地上练字呢,买不起笔墨纸砚,就以大地为纸,以颠倒了头的筷子为笔。据说,父亲从6岁开始就自学写字了,那还不叫"书法",没有老师教,难道是受到一千八百多年前的住在百米外远的邻居、东汉大书法家蔡伯喈蔡邕的启示?父亲学的专业是师范,语文、政治、二胡、简谱、书法、篮球,几乎样样都会,中师毕业后在乡镇几所小学教书,还当过小学校长,后来到乡下荆岗、常庄、梁庄几所初中教语文课,再后来因为字写得好,被调到高中教务处,刻写试卷,抄写标语,直到50岁那年还是因为书法特长的缘故,被浙江宁波一所重点高中引进过去,做了一名专职书法教师。在父亲与书法之间,书法更像是父亲的一个代名词。为了练习书法,父亲曾用完过奶奶去世时的满满一架子车的烧纸,这些烧纸,大概就是上一代除了古庙的三间草房,留给这个儿子的另一份遗产了。

母亲在外公的逼迫下,最终还是嫁到了镇上。没有房子,外公兑现了给女儿的诺言：围镇没有房子，家中帮着建。外公发动舅舅们，也可能是舅舅们的自发自动，趁农闲时间忙活了两年，大舅二舅从二十多公里外四所楼乡的煤场拉煤，从古围城的废墟高岗上取土，自砌煤窑烧砖烧瓦，一色的青砖兰瓦，和一两千年前汉代古围城的样子相比，就是砖瓦的大小改变了些，但汉代遗风犹存。

围镇作为东汉才女蔡文姬故里，古城古镇到处散落的古砖瓦片，被十里八村的乡亲们一车一车地捡走，用作建房垫坑的地基和跟脚，一块块汉砖一片片汉瓦不见了，古围邑遗址那高大的夯土层明显的米黄色的岗土和土岗不见了，一座古围城的遗迹消失了，一个个小家的房屋建起来了。据县志记载和上了年纪的老人们讲，围镇遗留下来的明清古围城的城墙是二十世纪四十年代被日本鬼子炸毁的，在此之前，古围城的城门、城墙、炮楼都还存在。如今，一批成长起来外出求学的游子们，在二孩的倡议下，计划复建古围城，也许是对历史的一种复原吧。

有了舅舅们的帮忙，二孩一家的三间破草房终于换成了三间砖瓦房，姊妹五人住进了砖瓦房，到了二孩念高中的时候，家中三间房子实在是住不下了，又是舅舅们带人，在紧邻着瓦房的西侧又重新盖了一间草房。这里本来是全家做厨房用的。草房之内，除了一块水泥打的预制板当书桌、一盏煤油灯、一张用麦秸包起来做铺底的床，就是墙上李家二孩自己写的两行字了：

农村的孩子除了考学别无出路！

有志者还必须是忘我的奋斗者！

二孩就是靠着这两句话，通过高中三年的超乎常人的争分夺秒的奋斗，以全校文科第二的成绩考上了大学。四年后，又成为镇上的第一个研究生。

而在这之前,他只是一个吊儿郎当的小顽童。

二孩的学业成功了。可是,曾倾力帮助过家里的两个年龄大的舅舅却因为自己家中没有建房,所以说不上媳妇,大舅一生独孤,成了五保户,二舅独身到快50岁时,才因为二孩下乡到豫南乡村开展扶贫工作的机会,给二舅介绍了当地贫困村一个丈夫病逝、带着三个孩子的中年妇女。

自打母亲到了围镇这个穷家,她面对的,不仅仅是要将三间草房改成瓦房的重任,在那个人民公社时期的大集体年代,一家七口,丈夫在外教书,吃商品粮,常年在学校搭伙,偶尔回家,农忙季节偶尔帮点忙,每月二三十元的工资,除了他自己吃穿,还要练习书法、购置笔墨,经济上几乎帮不了家里多少,家中的经济负担主要是母亲和舅舅们扛起来的。亲舅如父,此言不虚。几个年轻力壮的能挣工分的舅舅们成为母亲的强大后盾,当年倘若没有舅舅们的全力支撑,母亲一个人是不可能将五个孩子供养大的。别说老大考中专、老二考大学了,即便是大妹高中毕业、二妹和老三初中毕业都很困难。

母亲一个人在生产队挣工分,六口人吃饭穿衣,五个孩子上学,生产队每到分粮食的时候,六个人只能分一个人的粮食和蔬菜。那时哪有多少白面馍哦,家中几乎一年也吃不上几顿白面,几乎常年都是煮红薯、熬风干的红薯片、黄黄的玉米面窝窝头、黑黑的红薯面高粱面窝窝头。平时下饭的菜,因为家中没有油,多是白水煮萝卜、白水煮白菜,甚至是下河逮来的鱼虾,也都是用白水煮煮。早饭吃窝窝头,没钱买菜,母亲便掏出两毛钱让孩子中的一个,到隔壁邻居家开的酱菜店买来豆酱加上半碗盐水拌拌,小碗分一分,便是一家六口人的"菜"了。每逢过年,母亲也只有攒下的够买两三斤猪肉的钱,掺进去一棵又一棵的大白菜,剁成肉馅,除了白花花的一片,几乎看不出肉红的颜色。即便这样,一年也才能吃上冬至和春节两顿饺子的孩子们,吃得很香很甜,觉得自己家就是世上最幸福的家,过年的压岁钱呢,几个孩子每人两大毛,等年过完了还要再交给母亲。

吃的是这样,穿的也好不到哪去。几个孩子一年差不多就是单棉两身衣服,大的往年穿过的,小的下年接着再穿。二孩小时候大冬天里,常穿着一只露脚指头的单鞋,因为常年不换衣服,身上的虱子泛滥,脱下衣服逮虱子几乎是每天晚上的必修课。由于保暖、营养不足,二孩得过半年的伤寒,后来念了大学,还得过一年的脑神经衰弱。好在他喜欢体育锻炼,长大后身体终于调养过来,成了运动健将。

二孩长大后,也有了自己的一双儿女,爱护有加。他始终没有想明白,在那个最贫穷的年代,父亲每月有几十元的工资,如果他早一点良心发现的话,他们当年的日子也不会那么苦涩,也许母亲强求二孩上学的逼迫也不会那么惨烈,父亲咋能这样狠心呢!父亲与母亲不和,那是两个大人之间的事,可孩子们无罪!二孩有了自己的孩子后,生活节俭,但要给两个孩子在上海提前买房,那是一点也不含糊,二孩从小遭受的没吃好没住好的经历绝不能在下一代身上重演。

二孩和写作《饥饿的女儿》的女作家虹影都是在六十年代出生的,虹影笔下的那种刺骨的贫穷在二孩这里也克隆般地存在过,如果二孩愿意,他也会写出一部反映豫东农区圉镇生活的《饥饿的儿子》。

在那个饥饿的年代,吃饭是一个家庭最大的政治。记得母亲有一次带着两个孩子到东六里外的郎智岗村讨饭,被那里的亲戚认了出来,父亲被那里姓于的亲戚狠狠啰嗦了一通。原来,父亲的外婆家姓于,就是那个村的。自私的父亲只顾着他自己,躲在学校里吃白面馍馍,练习他所谓的书法,这个家好像从来就与他无关一样。有一年春节,他没有回家过年,他所在的学校就在本村北头一里多远的地方,母亲拉着长子、二孩兄弟俩去要白面,硬是没有要到,这与其说是"要",不如更准确地说是"讨",最后还是一个叫梁庭美的老师实在看不下去了,给了母亲半袋子白面,让家里过了一个好年。一个父亲竟不如一个邻居,不知父亲的这个"师范"是怎么念的。母亲说,父亲的父亲有点傻,傻爹的儿子也好不到哪去。可太爷爷那一辈并不傻啊,太爷爷靠手中的小推车走乡串户,硬是推出了几十亩地的家业。

母亲虽说是个要强的泼辣的甚至是有几分精明的农村妇女,但一个人再拼死拼活挣得的工分也是养不住这个一穷二白的家的。母亲除了下地干农活,还要养一头老母猪,年年下仔,一窝下十几个仔,等猪仔养到二三十斤,再赶到市场上去卖。对于一个农村妇女来说,最尴尬的事情莫过于给自家的老母猪接种了。种猪天天就躺在父亲从家中去往学校的半路中,父亲作为一个"公办"教师,这种上不了台面的活他是肯定不会干的。母亲为了养育五个儿女,又有什么难堪的场面不能承受的呢!这头老母猪,像是上天派来的母亲的帮手,又像是家中的第八个"亲人",帮助这个家一次次度过了经济难关。兄妹几个看得出来母亲离不开这头老母猪的帮助,放学后都会自觉地拐到地里给猪拔草寻食,好好供奉这个"大财神"。单纯从经济的角度说,这头老母猪给家里做出的贡献比一个本该对这个家庭负责的男人还要大。

知识不代表修养,更不代表善良和责任。

有一次,父亲手头紧,把母亲卖猪娃的钱抢了去,母亲死活不给,便被父亲狠狠地打了一顿。十几岁的兄弟俩亲眼所见,抱团警告父亲,你要再敢打母亲,全家人和你一起打。一连警告了多年,直到长子和二孩彻底长大了,父亲才不敢打母亲了。天底下真没有见过这样的父亲,不给家里补贴钱用,自己没钱了还从家里抢钱。父母的这一辈子,两人的钱始终没有长到一块去。到了晚年,父亲每月五六千元的退休金,母亲也始终花不了多少,母亲的钱多是儿女们给的。父亲年轻时不给母亲钱,理由是要练习书法,人老了,仍然不想给钱,理由是自己办了个一二十号人的老年豫剧团,自己的钱还不够用呢。儿女们在城里买房都是各自奋斗,父亲还想着儿女们能给他点钱让他办剧团唱戏呢。与父亲名义上一"家"度过了半个世纪,仍没想明白做父亲咋能是这样做的呢!母亲多次过生日,孩子们想尽办法把200元钱给他,再让他给母亲,算是他给母亲的,他都不干。为此母亲伤透了心。儿女们都还善良,没有和父亲过不去,否则,这个家是没有父亲的位置的,小时候没有,长大后孩子们也都是睁一只眼闭一只眼。因为孩子们早已一致支持母亲与父亲离婚,可母亲却坚决不同意,理由竟然是她这辈子没有花过父亲什么钱,活得不值,活得太亏,自己男人的钱不给自己花,也不能乱花给别人。有一次,二孩无意间提出花钱给外公外婆立碑,父亲事后偷偷跟母亲说,他咋不想着给他爷爷奶奶立碑呢!二孩从小就没有见过那个早走的傻爷爷,唯一有点印象的奶奶,又偏心其他孩子，不帮着母亲带孩子，让二孩在母亲下地干活时被圈在田间临时挖的土坑里长大，二孩骨子里几乎就没有爷爷奶奶的概念，还立什么碑呢。而给外公外婆立碑，那是外孙外甥对舅舅们一家的感恩和报答。最后二孩立碑的愿望还是被搁浅了。

如果说，父亲对这个家还算有点贡献的话，那就是对长子、二孩的教育有自己独到的功劳了。说是他自愿的吧，有点太夸奖了他，说是母亲硬塞给他的这个责任吧，那也太高估了母亲的能力。总之，父母因为"一头沉"的原因，一个是"大老粗"，一个是"商品粮"，这桩婚姻从外公逼迫开始就注定了不好的结果，开始就是一个错误的选择，两人一辈子不和睦似乎也是注定了的。

母亲是个执拗却识大体的妇女。她在那样艰苦的条件下养大了五个儿女，两个大的通过考学吃上了"商品粮"，成了"国家的人"。另外三个小的，父亲说可以跟着他转成"商品粮"，后来三个小的也确实从农村户口转成了城镇户口，但因为没有找到工作，到最后，三个人连那份用于糊口的承包地也没有了，一个七口之家，最后只剩下母亲一个人一亩多的自留地，其他六个人都先后以不同的方式从这片土地上离开了。母亲的这最后一片自留地，后来被二儿子用以建成了"蔡邕蔡文姬纪念馆"，东院老宅的一亩地，二儿子说退休后还想再建个"文姬图书馆"。母亲本想趁她在世时把老宅子卖掉，给五个子女分一分，但听二儿子说将来还有"用"，就表示她生前不卖了。一个没上过一天学的农村妇女，一生受过这么多贫穷和委屈，在最关键的时刻还是识大体的。这是一个从乡下村庄走出来的农家女的善良天性使然。如果土地和政策允许，二孩多次在心中谋划着要为包括自己母亲在内的故乡的杰出母亲们建一个"母亲纪念馆"。

话说转回去。

当年,老三出生后不久,家中几乎揭不开锅了,母亲决意要把老三送给西南十几里外一个富裕的人家,因为二孩极力劝阻才作罢。为了帮衬母亲,家中的老大早早就在初中、高中时到乡里的粮店、棉花厂扛大包、轧棉花,挣钱补贴家用。为了家中的利益,老大也多次和母亲一起,与村里的干部、争水浇地的邻居打架干仗。最厉害的一次,是有一年生产队秋收之后,老大和一群孩子到红薯地里翻刨残留在泥土里的小红薯,村里的干部不敢管其他人家的孩子,柿子专挑软的捏,便找老大开刀,老大不服,被打到摔了十几个跟头,仍然站起来继续抵抗。母亲听说赶到后除了与村干部大吵,回家后大哭一场,也无能为力。如果这种情况出现时,有父亲站出来扛一扛,以后便不会太受邻里欺负了。老大从小骨子里就性情高傲,他比自己想象的还要强大,他作为一个农民的儿子,作为一个弱势的母亲的长子,在父亲不顾家的情况下,他只能也必须要扛起捍卫家庭的责任,尽管小小年纪就被一次次地打倒在地,但却始终没有服输,高傲地维护着一家人的尊严。事情的起因,不都是为了一把活命的残剩的红薯吗?生产队分的粮食不够吃,穷人家的孩子只能自己到泥土里去找。

舅舅家成年劳力多,每年都把结余的本来是要用于舅舅们盖房娶媳妇的钱都来支援他们的穷大姐了。但这仍然不够,母亲就年年向邻居里劳力多的梁家、方家借,不然一家人冬天的口粮就成问题。

在那个特殊的年代,即便家住在镇上,与乡政府大院相距不过200米的距离,在大集体时代,一个人口多劳力少的特殊家庭，仅仅靠工分吃饭是填不饱肚子的。后来，1978年之后实行了联产承包责任制，家中因为人口多，分到的承包地也多，因为母亲的苦干能干，家中的日子才一天天好转起来。几亩地的棉花救了这个家，不仅是粮食够吃了，后来二孩得以顺利念完大学的学费，也几乎全是靠这几亩地的棉花每年近千元的收入。

浪子回头　　发愤苦读

一个奇葩的家一定会有一个奇葩的父亲和儿子。如果说一个家庭的一家之主是个只和书法过一辈子的奇葩的主的话，这个家的奇葩故事也会频频发生在第二代人的身上。李家二少就应验了这一点。

1966年，那个特殊年份的马年，正月间夕阳西下时分，围镇李家的第二个儿子诞生。母亲记得日子是阴历正月二十四，可父亲填报户口时却写成了阳历1月5日，所以这个二孩连出生日期生来就是不确定的，一如他后来不确定的人生。母亲喊这个正月间出生的孩子叫"孩"，大家便也都这么叫了，叫了半个世纪，这个名字还真给叫准了，至今这个二孩还保持着儿童一般的心，好像半个世纪的坎坷经历和风云变幻和他从不沾边一样。

二孩小时候生性好动，爬高上低，偷瓜摸枣，下河逮鱼，逃学打牌，与小同学打架，常被对方家长找上门，向二孩的母亲告状，人家不敢找二孩的父亲，因为二孩的父亲是小学校长。凡被告了状，挨母亲的一顿狠揍是逃不脱的。也许是被打习惯了，打打忘忘，忘了再打，打了再忘，再忘再打，一"忘"无前。

二孩读小学时常常逃学，和几个小伙伴躲到一个小树林里打纸牌"小猫钓鱼"，百玩不厌，好几次都被母亲脚跟脚地逮住了,被母亲打,该打!在没有学会游泳之前,就和大一点的小伙伴们一起往家门口的水塘里跳,几次都快被淹得没命,被母亲打,该打!母亲说,打一顿,好两天,嘴上说改了,过不了两天,心就不知道又跑到哪去了。母亲打,父亲也打。一次,在小学上课时偷看小人书连环画,在二孩看来这也算是看书吧,却被班主任收走了,在学校中央的教师办公室,二孩便喊着老师的名字破口大骂,被当校长的父亲狠狠地痛揍了一顿,该打!

二孩贪玩成性,对学习一点兴趣都没有,心里只想着跟三舅舅学木工活,梦想着天天能听拉锯的有节奏感的吱吱的声音。由于心不在焉,人在学校,心在校外,压根无心好好念书。父亲说他就是缸里按不住的葫芦,按一下,往下沉一下,一松手,就又漂了上来。父亲说的话还有一句更通俗的,就是"桑藤子舛不成树"。中师毕业教语文课的李家校长确实词汇不少,知子莫如父,用起词来更是得心应手。由于父亲不管孩子的花销,父亲的权威在二孩那里几乎为零,二孩最怕的还是厉害的幽灵般的母亲,不知什么时候就突然冒出来,事先准备好的柳枝便下雨般落在二孩的屁股上。父亲母亲都几乎不约而同地把打和揍作为教育的唯一方式,区别是母亲只打屁股,最厉害的是让脱光裤子用柳条抽打,而父亲气急了只会用耳光扇脸,或用脚踢。

不过,在高压的生活下,二孩也有他悠然自得的时候。他最快活的时光,就是周末到谷熟岗的舅舅家或赵集的姨姥爷家去。有一次,他套上舅舅家的毛驴车,赶到田间割草回来,躺在上面,盖着草帽,让毛驴拉着自己走啊走,是多么悠闲啊,长大后看到的任何老庄道家的逍遥说教都赶不上这一刻的忘我境界啊。而学习,那是多么枯燥的一件事啊!

不爱学习也就罢了,二孩调皮捣蛋,还时不时地惹出一些事来。儿时在街头玩耍,被一头高大的马叼走了,穿过大半个街,叼叼放放,头上被摔出好多个大包,最后被母亲拿着叉子追到镇南的马厩里才算抢了下来。命大!刚学会游泳不久,二孩竟敢冒险到湍急的河流抓鱼,被河水冲进了桥洞,挣扎不脱,最后被一个姓方的邻居路过给搭救了。命大!还有一次,他爬到邻家的树上摘枣,触动了马蜂窝,被马蜂蜇得满脸浮肿,回到家里连母亲都认不出来了。命大!念初中时,有一次被同学欺负,碰巧被放学路过的哥哥碰上,老大以一对四,在高中的操场上打成一团,当二孩看到一个人从后面抡起砖头要砸向老大时,胆怯的他出于本能,情急中抄起短把子铁锹向"敌人"后背上拍去。从那以后,整个学校再也没人敢欺负李家二少了。

初中念到最后一年时,二孩实在无心念书,一再逃学,被母亲再次抓个正着,母亲用柳条痛抽他被脱去衣服的屁股,这是他长那么大被揍得最痛的一次!二孩一气之下,终于像当年的陈胜吴广起义一般,喊出了"从今以后,你不是我娘,我也不是你儿"的反抗声。母亲让二孩脱去她买的衣服,滚出家门。倔强的二孩也玩真的了,脱光衣服,昂起头向集镇大街上就走。要不是老大拦住,这个脸面可是在围镇集上丢大了。

第二天一早,二孩咽不下这口气,毅然决定离家出走,他真的是不再留恋这个又穷又受气的家了。造反,这家的儿子当不得!"兵马未动,粮草先行。"没有盘缠是寸步难行的。二孩便谋划着如何筹措盘缠,到舅舅家、姨姥爷家、六叔家和县公路段的玉字辈爷爷家,以没钱买书的理由借钱。到杨屯被过继出去的六叔家借钱时,六叔家没钱,是卖了家中仅有的十几个鸡蛋给凑了几块钱。

离家出走！

二孩一个人偷跑到古城开封，游逛了三天三夜，幻想着能有个陌生的人家能够收留自己，或给找个活干，再也不回圉镇那个受气的家。可是到最后身上带的钱全花光了，从一无所获到一无所有。后来，是老大骑车到开封给找回去的。当时见到哥哥，二孩心想，哥哥肯定是要狠揍自己一顿了，然而这种担心是多余的，因为逃学而挨打、因为挨打而出走，万一再次因为挨打而再次出走了呢！老大心平气和地说："老二，玩够了没有，要不咱再继续在开封玩两天？"玩就玩，不玩白不玩。

没有想到的是，这次发生在二孩身上的"远征"事件，彻底改变了一个乡下少年野性的心，二孩似乎一下子豁然开窍了，知道家乡之外还有一个更大更繁华的世界，远比他原来的那个学做木工、赶毛驴车拉货的世界更有意思。

兄弟俩回到家，母亲再也没有力气打了，也不搭理二孩。俩人这一刻几乎成了全家七口人中最大的冤家，甚至远远超出了父亲与母亲的紧张关系。母亲托老大问，是想继续上学，还是留在家里干农活。对这个问题的一句回答，决定了二孩未来高中三年乃至后来一生的命运。

"我要念书！"

半年后，二孩以刚过线的成绩考上了家门口的杞县第一高级中学——圉镇高中。二孩虽然平日厌学，可由于他初中阶段都是被父亲"绑架"到去乡下初中教书的自行车上，游学于荆岗、常庄、梁庄三所初中，作为外来户，虽然受了当地同学不少的欺负，但毕竟还是从教语文的父亲身上多多少少学到了一点写作文的技巧,课余还学会了擀面条做饭。

到了高中,二孩的潜能得到爆发式的发展。在学习的主动性上,不用母亲再拿起柳条子在后边吆喝着驱赶着,慢慢地,一点点地上道开窍了。

念了高中,舅舅们还给二孩新盖了一间茅草屋当作独立的书房。灰暗的煤油灯虽然无论如何也没法和古城开封大街上的路灯相比,但二孩的心中已有了一处更光亮的地方,这片光亮越来越大,一天天吞噬着这间灰暗的茅草屋。

渐渐地,无论春夏秋冬,每天早上五点,这间茅草屋的灯光准时亮起来,到了晚上十点,灯光也会准时熄灭。当初那个偷瓜摸枣的流荡小子不见了,母亲的监督不见了,告状的邻居也不见了。

在班里,早自习后他往往都是最后一个离开教室,从学校往返家中的文姬大道上,从此也多了一个跑动起来的、手里拿着英语单词表或成语小词典的"拼命二郎"。二孩给自己规定,放学后跑步回家,既能节省时间,又能锻炼身体;去学校上学时吃饱了饭,不能再跑起来,如果只是走路又太浪费时间,于是便在上学的路上背几个英语单词或几条汉语成语。无论功课多紧,每天下午放学前在学校打一个小时的篮球是他的必修课。他常说的一句话就是磨刀不误砍柴工。晚自习的三个小时,到了一个半小时的时候,他也会准时溜出教室到操场上跑两圈,用他自己的话说,那是换换脑筋,给上半场学习的大脑腾腾地方。

他写的作文,一次次被张守记老师等当作范文读给全班学生听,英语课也一次次被李霄岭老师喊起来领读,学习的兴趣便越来越浓了。

不过,也有"浓"过了头的一次。高一上代数课,由于提前做了预习,一心想做启发式教学的代数老师再也受不了频接话茬的李家二少,即便这位代数老师论辈分还是他同族的昆字辈的长辈。李老师说:"你逞能那你来讲吧,不讲一个礼拜,这个课我就不上了。"

讲就讲!二孩就是有点二。一个礼拜的代数课总算是"代"过去了,在全校也一下子出了"名",走在校园里便被校友们指指点点。二孩接话茬的声音没有了,时间久了,这门课的成绩也慢慢落了下来。这不能怪老师,老师那是为了全班更多学生的利益考虑。后来,这位代数老师的孩子还考上北大了呢。两个聪明人走到一起,总有一个要被比试下来的。

二孩高考时,数学课120分的总分才考了80分,按百分制折算,也才刚刚及格呀。这个高中认真了三年、五个应届班唯一考上大学的全校文科第二名成绩获得者,距离被南开大学录取的复读生第一名只差了7分!

再做一个假设,按他这种学习的套路和冲劲,如果不是家里太穷,高中再复读一年,说不定也能考个更像样的好学校。后来二孩考研究生时,也错过了一个大好机会,当他以大学四年全年级总分第一的成绩毕业时,本可以跳一跳报考他梦寐以求的北大历史系宋史方面的研究生,但胆量或者说内心深处的小农心态贻误了自己的大好前程,他在最后填报志愿时退缩了。这,大概也是一种命吧!接下来的很多年,他都有一种不服气的念头在骨子里攒动。

浪子回头,这句话用在二孩身上是再合适不过的了。连邻居都频频感到惊讶,当年那个调皮捣蛋的李家二孩怎么说变就变,像换了个人一样呢?二孩高中毕业三十多年过去了,这些如今已经六七十岁的老邻居们至今也没有弄明白。

说真的,连二孩自己也没有弄明白,就呼呼啦啦地一鼓作气把大学和研究生给念过去了。他当时的逻辑简单得不能再简单:上学没意思,不上学干农活实在太辛苦,不上学吧又实在没有出路,那还是上学吧,上学不过是为自己找到一个出路。

回想起来,二孩那没有文化的母亲倒真是个高明的"教育家"了,在二孩辍学在家干农活的那段日子里,母亲规定他不仅要按时到生产队上工挣工分,下工后还要再拉一车土回来垫地。他家住的地方地势较高,有个大上坡,拉土容易上坡难,每每拖着疲倦的身体收工回来,都要挑战这最后十几米的上坡。母亲以她最原始的方式教育儿子:小样儿,我都不信治不住你了,劝你还是乖乖地回学校念书吧,将来能像你老子那样混个"商品粮"多好!母亲这样想时,老天在上面突然偷偷发笑,好像这辈子母亲就享过吃商品粮的丈夫多少福似的。

半世磨砺　精神力学

李家二少,一个出生在小镇上的农家孩子,少时懵懂,高中开悟,浪子回头,17岁以围镇高中全校文科第二名的成绩考上了大学。

高中时期,他梦想读政法学院,毕业后做一名文武双全的大律师,专门为弱者为穷苦人打抱不平。因此他报考的志愿都是清一色的政法类:西南政法大学、西北政法大学、郑州大学法律系等,而且大多是刑侦专业。遗憾的是,因为填报志愿时在调剂栏中填写了"同意"二字,他便被提前调剂录取到当时还是第一批录取的师范类的原河南师范大学。不仅是师范院校,而且还是什么古老的历史专业。他忽然觉得自己被高考算计了!比他多7分的第一名是幸运的,被南开大学法律系录取了,毕业后分配到省高院,如今已是某地级检察院的检察长。高考的阴差阳错似乎已暗示出了李家二少命运多舛的未来,为二少的前途蒙上了一层阴影。

在接到邮递员送来的大学录取通知书时,泪水打湿了二少委屈的脸,他想过再复读一年,但家中的经济条件实在让他不敢那样去想,似乎想一想都是对家庭对母亲的一种极大的犯罪。他和兄长一起读大学读中专,下边还有两个妹妹一个弟弟也在上学,赤贫的家境直到7年后他研究生毕业,也没有多大改变,他也因此压根没有朝着继续攻读博士的方向上想,他要早一天参加工作挣钱补贴家用,拯救母亲。

大学时代,他是勤奋的、不甘服输的。自进入大学校门的第一天起,他就立愿报考研究生,4年大学下来,终以全年级总分第一的结果,结束了自己的大学时代。胆怯的心理让他没敢在最后填报志愿的一刻,填上大学4年来他梦寐以求的北京大学历史系邓广铭先生的宋史研究生的理想志愿,为了百分之百的保险起见,他改报了东北师范大学历史系,在该专业7人中以第一名的成绩被录取。其实,按他当年的分数,应该是冒冒险选报北大的。但他终没敢拿未来两年可能要到中学当教师的风险来对赌,他的家境让他一点也赌不起。从后来的情形看,他本是可以赌一把的,以他的毕业总成绩无疑是能享受一级分配,留校或到省城某高校做个教师还是应该可以的。当他毕业30年后返回母校参加聚会时,他才知道,当年他们那届毕业分配是带他宋史课的程老师一手负责的，程老师才华横溢，人也耿直，他说他是安全按照分数高低来分配单位的，这个一点也不用怀疑。

1987年二孩考上研究生的那一年，村里姓董的老支书还代表村里送了一场电影表示祝贺。

因为家境拮据，即便是到长春读研究生的那三年，李家二少也常常是要为钱而费尽心思。1987年到1990年的那三年，他正是二十岁出头的年龄，春城长春的高校宿舍门口在夜晚在周末常常游走着一个骑车推销方便面的年轻人，他看到不少大学生、研究生手上有用不完的全国粮票，便想出了用5斤全国粮票换两袋"华丰牌"方便面的主意，到市内用0.25元一袋的价格批发方便面，然后再将换来的全国粮票拿到菜市上以每斤0.25元的价格去卖，赚取差价。这每一单做下来，就有0.75元的收入。说起来，这在当时应该是一种投机倒把行为，因为按当时的规定，全国粮票是不能倒卖的，从学校管理上说，这也不该是在校的研究生应该做的。后来，大学副校长亲自找到寝室的事实验证了这一点。

李家二少靠着一辆旧自行车，跑遍了长春的几所重点大学，师大五号楼研究生宿舍也几乎成了他的批发站。常言道"树大招风"，当这种"生意"做到一定程度时，便终于迎来詹副校长的亲自上门谈话。一年多轰轰烈烈的小生意冒险就这样结束了。

其实，这不是他第一次做小生意。少年时代，李家二少念初中时就曾走村串巷，骑行到田间地头卖过冰糕。他以5分钱批发、零售一毛的差价，创下每天卖100元左右的"业绩"，暑假每天多能赚上四块五块的。这种生意头脑，说起来他也是有家传的。

良善家风惠久远

　　他常听母亲讲,太爷是个勤快能干的卖货郎,靠一辆手推独轮车置办起几十亩上好的田地,还雇了帮工,日子还算殷实,可到了爷爷那一辈,也许是"傻"了,成了乡下俗话中常说的"败家子",把田地都败光了,导致的直接结果之一就是饭量大的伯父在那个贫困年代给活活饿死了。到了李家二少的父亲这一代,他的父亲除了会读读书、写写毛笔字、拉拉二胡、唱唱豫剧,对生意那是一窍不通,一辈子没有一点生意头脑,别人来向他讨字,母亲说要收点成本钱,他每每都是说哪能收别人的钱呢!练了一辈子的字,到头来还要贴本给别人送字,甚至是装裱好的字。他这个死读书、读死书的书呆子,一辈子也只能在练字、拉弦方面下死功夫了。可他又不放手,母亲的那点精明在他这里毫无用武之地。父亲一辈子练习书法,钱和工夫都搭进去了。

　　二少研究生毕业后,遭遇的第一次重大经济危机,是毕业不足两年的1992年初。乡里新来的左书记干起事来很像他的姓,上任不久即提出要扩宽围镇的南北大街,把东西15米宽的路扩到50米。李家邻街,也在被扩之列。这本是大好事,但乡里要求凡被扩到的住户,一律要建两层楼房,否则就由别的户家来建。李家的门面有三间宽,上下两层就是6间房屋,按当时的造价,需要一万多的投入。母亲到省城找儿子筹钱,说二儿子至少要拿出一万元的现金,再让在中原油田工作的大儿子在钢筋水泥方面想想办法,这房子才能建起来。

　　二少刚毕业,住在单位出钱租赁的一间单身宿舍里,每月40元的租赁费,而他当时每月的工资是100元上下。如今,老母亲来要钱盖房,张口就是要一万,那可是他近十年的收入总数啊!

没有退路！好强的二孩将编好的一本白话翻译的名言库书稿的署名权以 3000 元转"卖"了出去，又向一位香港回来做生意的"大姐大"借了 5000 元，加上向单位同事东凑西借，一万元钱总算筹到了，但接下来两三年的日子他将如何度过呢？

过了上月，没有下月。为了吃饭，他常常向单位要好的刘同事、王同事借钱度日。王同事是个女同志，一个大老爷们张嘴向一个女同事借钱，那种难以启齿的经历让二少一生难忘！

名义上的一家之主的父亲再次缺位，那是一点也不奇怪的，好像家中从来就没这个人。在钱的事上，家人早已习惯没有父亲这个人了。

挣钱，挣钱，挣钱！刚毕业时，二少确实还想不出什么赚钱的好点子，1993 年前后的两年时间，是二少一生中最昏暗的阶段。

精神上，他还没能从读研时的失恋中摸爬出来，常常在周末花一两块钱到录像厅昏天黑地地泡一天，靠看录像打发空虚的内心。物质上，他从入不敷出到负债累累，因为家中盖房一下子背上了那么沉重的经济负担，苦闷至极中，他看到了人生的种种不幸，看穿了人与人之间的经济关系，在绝望中，在极度失意中，在一个夕阳西下的周末的傍晚，他坐在经五路 16 号家属院门口的一棵槐树下，终于发出了"万有精神斥力论"的感悟，开始了随后多年的"精神力学"漫游。李家二少试图用这种自我编织的所谓理论，来拯救自己于濒临绝境的边沿。

一下子，尼采、叔本华、克尔凯郭尔等西方哲学家的书成了他那些年床头必备的疗心之物。他沉迷于尼采，在单身屋的墙上涂满了密密麻麻的呓语性的文字，他实在一时走不出他自己，只能死死攥着西方几位独身哲学家的手,寻求安慰,借以疗伤。他还抄起笔,给北京大学哲学系教授张岱年先生写信,谈他的"精神力学",一时还得到了大师的亲笔肯定:"你提出的'精神力'的观念十分重要,可喜可贺!"

遗憾的是,二少浮躁不安的生活,让他根本无力静下心思去思考"精神力学"的理论构建,他只能抱着几个伟大的概念,当着夜空的明光,帮自己度过几年暗淡困厄的时光!

为钱所逼,他业余走出单位,参与社会上的企业策划,赚了一点小钱,他便拿出来给省直新闻出版系统爱踢球的十几位球友们每年资助1000元,以"豫人"笔名办了一个"豫人俱乐部",成立了以他的座右铭"智利天下"命名的"智利天下足球队"。几年后,这支球队被一家出版社工会接管、赞助。

业余踏入社会,江湖险恶,文人经商,十年不成。他曾为一企业花十万元投资出版两本书,做了一回"书商",因为二渠道发货渠道不畅,发出去的书不少都未收回书款,没有赚到钱,反倒又因为那家公司后来财务出了状况,反而要一次性偿还借公司65000元,当时是大约1995年底到1996年初的样子,他手中一时没有那么多钱,最后只能是从山西、北京的两位朋友那里各借了两万元钱,把这件事给化解了去,剩下的任务当然是继续攒钱还账。

其实,当时策划图书,二少也有过经典的成功案例,像1993年策划的全国十大畅销书《白话容斋随笔》,就让郑州的五六个书商各赚了一笔够买轿车的钱,他自己倒没有赚到多少,大概一次性卖断书稿赚了5000元的稿费。也大概正是看到身边的书商都靠自己的书赚了钱,二少也想亲自试试,从后台谋划到一线操盘,从书生到书商,与当时中国的第一批个体书商展开了一场面对面的切磋。

就是在这种情况下,又一个偶然发生的大事件,改变了二少未来几年的生活轨迹,也彻底改变了他今后的感情生活。

1997年春节过后,单位的一纸公文将李家二少和另一个新乡籍的美编小伙一道派往豫南大别山的一个小乡村,从事为期一年的扶贫驻村工作。单位派这两个人下乡,肯定不是看这两人的思想觉悟高,在当时的那个年代,在一个厅局级事业单位,这两个小有才华却又棱角分明的"另类"是不太受集体欢迎的。组织派这两人下乡,也有敲打、锤炼甚至是教训一下的意思。

而结果呢,二少毕竟是从小在农村长大的,熟悉农村的人情世故,到了一年期满的时候,"李编辑"主动提出要留下来再干一年,单位很快就批准了,年轻人愿意继续接受贫下中农再教育当然是件好事,反正单位也没谁愿意主动下乡。就这样,一年,两年,三年,四年,直至第五个年头,"李编辑"在豫南信阳商城县观庙乡、驻马店正阳县铜钟镇两个淮河流域的乡村扶贫驻村,一干就是五年。他坚持下乡,既是分内工作,也是给自己心理疗伤。

五年间,他坚持绝大部分的时间都吃住在村里,坚持走村访户,思考乡村问题,写下了几百万的文字。他写作的《中原后进乡村的问题与对策》被省里评为全省驻村工作二等奖,2002年还被省委、省政府联合授予了"省扶贫开发先进工作者"荣誉称号。他也在下乡期间入了党,回到省城后,又被单位提拔为编辑部副主任,享受副处级待遇,还被单位以文件的形式加以通报表扬。这与几年前初到单位时因擅自搞有偿征稿挨通报批评,形成了鲜明对比。无论如何,组组的肯定说明这个当初的愣头小伙,经过5年下乡的锻炼,确实有了长足的进步。后来多年后的事实更加印证,下乡是二少人生的一个转折点,如果没有被派往乡下的锻炼,他也许还在书斋里或天马行空或悬在半空地生活呢。下乡,使理想化的白面书生变得务实了!

五年的下乡生活确确实实是艰苦的,山沟里远离乡镇五六公里,虽然通了电,但因为线路拉得过长,村里的冰箱、空调是带不动的,天热的时候村部的一楼实在待不住人,他常常和几只老水牛一起泡在水塘里降温。

另一方面,乡下五年的生活又是愉快的、自在的。下乡虽然没有多少补助,他在村部搭伙也都是自己掏钱,但他在这五年倒是内心平静,他豪爽、讲义气的性格让他在当地结交了一批谈得来的朋友。下乡前四年有三个春节他都是在村里度过的。作为一个外乡人,他几乎能完完全全地融进去,这也算是一种能力了。能在一个远离省城500公里的小乡村一待就是四年,后来又被调到淮河北岸另一个乡镇驻村一年,这又是一种意志的磨炼,从某种意义上看,这也应该是李家二少检验自己倡导的"精神力学"的一场精神实验。从31岁到35岁的五年大好时光,一般人做不到的他竟然给做到了!

返回省城,继续在单位工作了4年,享受的是"相当于副处级"的"内部粮票",他有点不甘心。2006年春天的一天,当他看到总署机关报刊上登的一则上海某大学出版社的招聘信息时,便毅然报了名,并很快被作为人才引进调入了上海。

二孩在大上海一干就是5年,入户上海,在上海购房,在上海诞育女儿,在上海被提拔为出版社的副总编辑兼支部书记。

大学出版社的出书领域有局限,一心想做专业出版的二少,

5年后又考入了安徽一家专业出版集团,在一家地方人民出版社担任副总编辑职务。

离开中原十年,上海只是他的一个中转站,2006年以"豫人"为笔名的他选择离开中原,很大程度上也是一种离家出走式的负气行为。他在1994年至1995年前后将自己的笔名起作"豫人",本是想在中原文化方面有所作为的。然而,残酷的现实是,"豫人策划"最终没能在故乡找到施展抱负的平台。出走,是无奈的事情。2004年北京某中央级出版社给他寄来了借调函,他都没有离开,说明这个"豫人"还是有点自己的想法的。他爱思考,他1998年放弃调入广州、2004年再次放弃北京之行,已绝不仅仅是用"恋家"两个字能说清楚的。"豫人策划,智利天下",这是一个饱读史书的知识分子给自己的人生期许。而家乡,就是离他最近的"天下"。

在上海5年后,他再次选择离开,主要原因不是文化上的差异与不适,他很适应新上海的海派文化。他选择到一家名气大、实力强的专业出版集团来,主要是隐隐约约有一种力量在推动着他:自己有满脑子的点子和想法,只有大集团才能有条件实现。

后来的事实证明,在他到安徽工作6年之后,集团真的如他所愿,成立了专门的重大项目部门,任命他做部门主任,使他终于迈出了走向理想的第一步。在江淮大地六年,他购置了新居,在美丽的天鹅湖畔,在国家二胎政策放开的第一年,他们一家又迎来了一个二宝男丁,事业和家庭都进入到一个新的高度和阶段,合肥作为福地,说明他当初下定决心放弃上海的大学教师事业编制,追随他所热衷的出版事业,是明智的选择。

半生坎坷,半世蹉跎。

二孩到了五十知天命的年龄,经历了大大小小那么多事情:少年时代家境的贫困、青年时代的挣扎、中年时代的颠簸,走过天南地北多个省市,随着一双儿女的到来、入学,一家四口终于安居乐业,生活逐渐平静下来。虽然这种平静也是有代价的。给社会给生命交了那么多昂贵的学费之后,终于少了一个思想波动的狂人,多了一个现实稳定的螺丝钉。

下班后买菜做饭,接孩送孩,日复一日,年复一年,和同龄人相比,他晚了十几年才得以过上正常的生活。

随着时光的流逝,前半生所遭遇的一切,无论甜酸苦辣,功过得失,都算是一笔独有的精神财富了,那些贫困的失意的坎坷的岁月,淬炼成金,留给人生历久弥新的启示,他愿将这些写下来,留给儿女,留给乡邻,留给后人。

多年以后,二少明白了他年轻时倡导的"精神力学"需要"修正":精神是必须要有的,但这种力量要有具体的载体,空中舞大刀,那是幻想家们的事。一个只有想法而无实际行动的活法是不足取的。

和家人在一起,需要的是亲情;和朋友在一起,需要的是友爱;和同事在一起,需要的是共同的价值观;和故乡在一起,需要的是对那片土地深深的眷恋;和自己在一起,需要的是向善和向上;和国家在一起,需要的是责任、担当和必要的牺牲。

走南闯北半世纪,豫人如是感悟说。

回报故乡　复建围城

在某种意义上,故乡就是母亲,母亲就是故乡的代名词。二少半生与母亲的"恩恩怨怨",早在20年前就曾用20天的时间一口气写下过13万字的《母子恩怨》草稿,草稿中有对母亲苦难遭遇的不平和感恩,也有特殊家境下对母亲向他施以"重压"的反抗与抵触。

小时候,因为家境的贫寒、父母的不和、邻里的欺负,母亲几乎是用她手中至高无上的权力"统治"着自己的二儿子。她几乎把全镇全村所有的希望都寄托在这个她取名叫"孩"的儿子身上。母子间的角力主要是在三个方面。

小时候,是在二孩是否上学的问题上。二孩是贪玩厌学的,宁可去跟舅舅学做木工也不愿意继续上学。可母亲觉得二孩从小聪明,就是不爱学习,但他应该承担起振兴家业的重任,好好读书,考上大学,做个一官半商。母子间的第一次严重冲突直到二少以离家出走而画上句号,二少好自由的天性被烈性子的母亲挤压得无处藏身。

长大成人后,二少度过了懵懂期,在谈女朋友的问题上,与母亲产生了一次又一次的冲突,最严重的就是研究生毕业时。一方面是长春的女友希望二少留在长春工作,女友家有三个女儿,她又在家排行老大,希望二少留下来做上门女婿。另一方面,母亲坚决要求二儿子回老家工作。一个24岁的男儿被他最在乎的两个女性活活撕裂,儿子虽然回来了,却带着深深的内伤,多年未愈。

第三个方面是母亲对儿子毕业后物质上的要求太高,二少研究生毕业后的16年间没有成家,却三次在家乡建房,一次有一次的故事。1992年第一次建临街门面房的经历上面讲过了,经济不出血,逼出来个歪歪扭扭的"精神力学",多年来房屋租金全由母亲用作家用了。2004年建房也是母亲念叨着"死了之后连个放棺材的地方都没有",二少拿出口袋里仅有的4万多元,盖起了第二处两层共六间的楼房。二少说过,这房子一楼由母亲和父亲住,二楼是留着自己用的,可后来没与二少商量,母亲便私自将二楼送给三儿子娶媳妇用了。第三次建房是2008年,二少调入上海的第二年。上海的房子太贵,买不起,二少手中有调入上海前积攒的近20万元钱。二少觉得自己从老家调出,是对故乡的"背叛"和离弃,自己当年在河南挣的钱就不该带到上海去,要"还"给老家,留给故土。恰逢2008年4月4日是故里名人蔡文姬"文姬归汉"的日子,于是便在2007年下半年下定决心将"蔡邕蔡文姬纪念馆"修建起来,用了母亲的一亩自留地,给母亲说下的条件是一楼出租,租金归她,二楼用于摆放蔡邕、蔡文姬的纪念品,兼做二少回家住的书房。2008年的这最后一次在老家建房,是二少自发自动的,母亲并没有说非要建。儿子的心强好面子也是继承了母亲的性格。二少的长相最像母亲,心也最接近母亲。但两颗心有时碰撞起来,也最让人心痛。

  无疑,二少大学毕业后,在经济上是母亲最坚强的后盾,为家中牺牲很多。每每二少觉察到母亲哪一两年觉得自己往家中拿的钱少了时,都会隐隐作痛。当年母亲要离开家或要寻短见时,二少都是苦苦相劝:"妈,长大我养活你!"到家中老三要送给人家时,也是二少苦苦哀求。母亲算是听了二少的话,没有将家中老三送人。然而时光变迁,老三部队转业后,并没有按设想的轨迹运转,只能在宁波一家企业做技术兼司机工作,又被犯傻的父亲叫回老家,开始了三个人多年的纷纷扰扰。老三离婚后酗酒严重,每次一两万的戒酒花费,那可都是二少给母亲用来看病治病的钱啊！老家本来是个大坑，二少这些年来帮助母亲努力填坑，如今又捅出来一个大窟窿，滴漏不断，母亲都七十六七的老人了，不知她的苦难何日到头！二少可以省吃俭用，尽量多给母亲钱花，但二少不能够接受家中老三的不劳而获，以及受到的偏袒。这对二少绝不公平！也许是二少半生的修行还没有达到一定程度吧。母亲对待老三的态度，已严重影响到二少对于母亲的态度，这几乎要变成一个死结。二少也常常开导自己：儿子给老人的钱，老人爱怎么用就怎么用，这也许才是一种大孝吧。

这个平凡得不能再平凡的家，因为"一家之主"父亲的缺位，引发了一系列连锁的反应，尤其在下一代孩子们的身上。李家二少是这样，其他几个孩子的经济状况也好不到哪去了。老大的经济状况好一点，因为大媳妇当家持家的缘故吧。老大继承了父亲的艺术细胞，但却没有继承父亲不顾家的坏毛病，在姊妹五个中以老大的身份主控大的政治思想方向，二少则主导家庭经济走向，投入的最多，当然在花钱上也最有发言权。五个孩子对父母尤其是母亲都很孝顺，在母亲晚年不让她为钱发愁，老大老二合力做到了。但母亲的要求不止这些，她有自己的精神需求，比如回家过年、给她常打打电话、在她住院时多在医院陪陪她等等。一个七十六七岁的老人了，还有一身年轻时过于操劳留下的病。可最近这些年，两个儿子给母亲看病、过好日子的钱几乎都被酗酒的老三浪荡掉了。两个兄长不在家，老三根本不把一双老人放在眼里，俨然就是这个大家庭的"一家之主"。父母一次次的告状电话，让二少本来要替父母百年后要照顾老三的愿景打了一个大大的折扣，他原想将来等父母不在了，每月定期给老三千儿八百元用于养老，经老三这么一闹再闹，酒后甚至说些伤害兄弟感情的砍砍杀杀的酒话,老三的将来,或者因为酗酒早父母而去,或者被"无情"地送到当时的养老院。

　　李家父亲50岁那年离开老家调到南方工作时,欠下的三四千元债务,是二少替父亲还的。但每当二少后来给父亲要字(书法)时,母亲都会遭到父亲的奚落:"看看,又要字了,也不给一分钱!"

　　父亲的字确实不能白要!毕竟,人家从6岁开始练字,练到现在都70年了,也是个省级书协会员什么的,字也确实有了一定功底,尤其是大字匾额,确是一绝。不然,每次父母到合肥看孙女孙子,二少也不会谋划着让父亲将复建古圍城几十处景观所需要的匾额用字和相关诗词,全部写就,以备后用。李家二少爱发微博、微信,也爱晒父亲的书法,虽然父亲在二少的心里就是个不顾家的主,一辈子把经济的重担几乎全都压给了他,二少年轻时也仇恨过他,甚至当着叔叔的面为了维护母亲而"骂"过父亲,但近些年,在家人和邻居的劝说下,父亲也能拿出少量的工资给家中买菜买油、置办红白喜事,算是一种历史的进步了。他的退休金的大头当然都是用来唱戏办剧团了,这十年他自己就说花了快10万块倒贴在创办"文姬豫剧团"上了。母亲不同意,闹过,但父亲的工资存折一辈子也不在母亲手上啊。实在不敢想象,一个每月有五六千元退休金的教师,在老家竟是月光一族!

　　不用再讲下去了吧,他们未来十年甚至二十年就是这样了,不会有什么大的改变,父亲的戏是必须要唱的,字也是天天要写,可就是不会经营,写字装裱后送给有关部门想申请点经费,可十年来也就某部门花过两三千元给这个民办剧团买了一个音响,因为是本家的同志经办的,父亲对质量不尽满意,结果把关系也搞到水沟里去了。

一双儿女　传承家风

李家二少因为读研时感情上遇到过挫折,毕业后一度沉湎于西方独身哲学家叔本华、尼采的思想中不能自拔,对同事们介绍的厅局长家的千金也打起了退堂鼓。不知是失恋的阴影尚未抹去,还是小知识分子矜持的那点"清高",他在中原省城混混沌沌,挨过了七八年的单身时光。

也许是命运的安排,下乡期间,他竟意外地找到他的另一种"事业":把一个贫困户的学生从初中一年级开始,通过多年的资助努力,把她培养成一名女作家。

初中三年、高中三年的坚持,加上后来本科四年、研究生三年的再等待,他一直守候在她的不远处,没有恋爱、结婚,他把几乎所有每个年龄段需要的文学书籍都买给她。

最后,这位后来成为李家二少小夫人的女孩,还真的靠自己的勤奋努力,考取了上海某"211"大学世界文学专业的硕士研究生。

多年来,家人的不理解和身边人的不支持,都一点没能改变李家二少那偏执、执着、执拗的心。从资助一个学生,到征得收养这个被遗弃女婴的家长的同意而结为异姓兄妹,再到走向同一个职业,经历风风雨雨、曲曲折折13年的马拉松式的等待后,两个有缘人终于走到了一起,两人以真诚的相对,挣脱了一次次世俗眼光的质疑,谱写出一部现实版的"廊桥遗梦",他们给自己的作品取名《等着爱长大》,3万字的中篇已完成了大纲的梳理,还计划写出 20 多万字的小说,以后还打算拍成电影。这种跨越了年龄和地域差异的人间真情,在世故保守的乡村世界,也真算是一个传奇了。连和女主角一起长大的两个小学闺蜜后来都说,真想不到他俩最后真的能走到一起,真佩服"李编辑"那超出一般人的毅力。

这,难道是二少提出的"精神力学"的再次验证?

2008 年国庆节的前一天,在男主角 42 岁、女主角 22 岁那年,两人双双乘火车从上海返回中原,在省城,在李家二少原单位同事的见证下,二人举办了一个简单大方的婚礼。

婚礼现场的背景画面,是用喷绘打印的,内容是两位新人 1997 年第一次相遇的春意盎然的大别山区。婚礼的全部花费不到两万元钱,可男主角拿回故乡修建蔡邕蔡文姬纪念馆的钱却在 20 万元以上。当时,李家二少刚从中原调入上海一所"211"大学两年,女主角则随他一起到这所大学考研、读研。二少觉得当初的婚礼过于简单,对不住比自己小 20 岁的她,一直念叨着要在结婚十周年或二十周年的时候,再给她好好补办一个像样的婚礼。依现在的情形看,恐怕他俩要带上一双可爱的儿女一起重温婚礼的殿堂了。二少一向都是一个不按常理出牌的人,他想到的说到的还真能去做到。

2009 年的元宵节,他们真挚的爱的结晶在上海十院诞生,他们以两个人的姓中间加一个"与"字给女儿取名,象征着女儿是父母爱的结晶。二少为了表达中年得女的喜悦,也是为尽父亲的义务,下决心在上海买了房子,作为送给女儿的礼物。这个礼物,父亲既然说是送给女儿的,那这辈子是真的要送给女儿了。

如今,8 年过去,二胎政策放开了,他们又毫不犹豫地要了二宝。二少在知天命之年,喜得一个硕头大耳的白净儿子,也算是二少多年来克己助人积累的善缘了。用他常说的一句话说,下辈子继续做复建文姬故里的百年事业,终于有了一个男性继承人。

二少向来都是一个言出必行之人,也许这是昔日那个建在忠义关公庙上的老宅给他的启示。五十得子,按二少的性情,那是一定会像当年给予女儿的那样,也必须要送给儿子一份厚礼。在上海给儿子买一套的房子,当算是一份厚礼吧。

在上海重新给儿子买一套房子!

十年过去,上海的房价已高得厉害,可父母对儿子的爱也同样厉害,即便再高的房价,做父母的也要尽这份心啊!为儿女各留一套房子,这大概是农村寒门出身的父母对儿女表达爱的一种朴素的方式吧。

二少是上海引进人才,一双儿女一出生便能入户上海,将来能享受上海良好的读书环境和高考相关政策,是二少多年勤奋、靠专业特长修得的另一种缘。

无论如何,对于一双儿女的未来,二少的心愿是期望他们姐弟努力向上,互相帮助,长大有出息了,好好照顾、孝敬他们年轻的母亲。愿他们俩一生上进、勤奋、善良,有社会责任、家庭担当,能学有所长,有自己的专业和事业,靠自己的能力活着,按自己的意愿生活。最好是从事与文化或教育相关的工作,远离行政与纯商业那些太耗费精力的领域。人生有限,还是多做些能传世的事业。愿他们在解决好自己生活的情况下,尽量靠自己的一技之长多为社会做些有意义的事,多行善,多积德,与人为善,热爱故乡,热爱自然,热爱生活,热爱工作,热爱运动,善于创新,不甘平庸,把自己的潜能最大化地发挥出来,用智慧造福社会,做一个能让后世记住的人。

"智利天下",是二少一生的座右铭,也算是他留给一双儿女的四字家训了。

结语

李家二少出生在一个贫寒、不和的农村家庭,从小厌学,希望靠学会一门小手艺谋生,从没有想过大富大贵,后来浪子回头,发愤苦学,跳出农门,读完两所大学,靠专业特长谋得一份体面的工作。但年轻时初涉爱河、毕业后初入社会,因为先天的精神养分不足,头脑单纯,性格率直,加之从小养成的几分散漫和野性,虽然心地善良、为人义气、上进好学,有自己对于生活的独立见解,工作上也频有超前的可行思路,但却因为个性鲜明、桀骜不驯等诸多原因,职途不畅,志不遂愿,半生奔波,坎坷不断。接连跳槽,已在情势之中。

后来,这颗不安分的心,在小夫人的百般调理下,经过多年磨砺锤炼,慢慢收回,过上了正常人的生活,结婚、生子、购房、升职,学有所长,思有所化,家庭和事业齐头并进,人生之路在中年以后才渐入佳境,状态稳定,初显大器晚成之势。

在人生最后二三十年的岁月里,若能继续坚持,继续潜心静修,稳步而进,在文化领域当有所作为,弥补前半生的耽搁与缺憾。

亡羊补牢,犹未为晚。人到年高,其言也善。

在二少的心中,他中年以前的人生几乎是彻底失败的,不如意的。40岁出头结婚之后,通过江南十年的修炼,方一步步走向正常,走向成功。

作为故乡和家庭的一种产出,二少愿意将超出世俗的家史奉献出来,甚至是自揭家丑,目的是想现身说法,总结前半生的教训,给人以启示,不要再走他这样的弯路。这种努力,虽然开了个头,但离卢梭那种自省式的解剖尚相差甚远。

对于退休后二三十年的生活,李家二少的两种安排早已酝酿成形:一边写作,一边开发蔡文姬故里旅游事业。写作计划包括完成早年开题的《精神力学》,写一个像普鲁斯特的《追忆似水年华》那样的多卷本人生自传、整理下乡五年间写的两百万字的《乡村日记》,以及给蔡邕蔡文姬父女和他们那个时代的历史人物写一组合传等。文旅事业的开发上,则是发挥早年所学的历史专业优势,立足故乡蔡文姬故里的历史文化资源,从已注册的十类"文姬归汉园"商标产品开发起步,开发蔡邕蔡文姬故里,复建古圉城。如果精力物力允许,再将"中华汉字文化园"一类的文旅教育项目一并做起来。目的还是延续人生理念"做文化的一生",传承中国历史上优秀的汉代历史文化、汉字文化、汉服文化、汉语文化等"汉"字头中华文化遗产,做一个留住历史的人。至于将来自己能不能被历史留住,那只能让做成的事情去说了。看不到,也不去想。人活一世,就要按自己的想法活,做自己想做的事。言传不如身教,这也是以身作则,给一双儿女留下的一点精神启示。

人生是个单向道,不能重返过往,只能一往无前。内心的精神之火既然年轻时已经点燃,那就让它熊熊燃烧吧!

没有生在中世纪,不能做一名骑士;

没有实现儿时的理想,念政法学院做一名律师;

没有生在战争年代,做一名勇士或烈士;

没有在和平的世界,做一名独立作为的"长"者;

没有,没有,太多的没有!

剩下的,只有一支不入俗的笔,一颗不甘默默无闻的心。

一生像一个战士那样,不断地出击,不停地战斗,是命运早已给圈定了的。

不屈命运,拒绝平庸。

(2017年10月初稿,11月20日修定于古庐州)

(作者单位系南方某出版公司)